Lobos con piel de cordero

Claves para entender y lidiar con los manipuladores

"Después de haber leído varios libros sobre diversos temas de autoayuda, libros de psicología, libros de psiquiatría, etc., DEBO recomendar la compra de este libro antes que ningún otro. Va directo al grano y trata el tema con meridiana claridad y sin rodeos. He comprado copias del libro para unos amigos y nunca insistiré lo suficiente en recomendar su lectura."

—E. Adams, comprador online

"¡No te dejes mandonear nunca más!!!"... ***Lobos con piel de cordero: Claves para entender y lidiar con los manipuladores***, de George K. Simon, Jr., Ph.D., es un regalo divino para todo aquel que haya puesto en entredicho su propia cordura en cualquier tipo de relación con una persona manipuladora y controladora.

—TheAeolianKid, comprador online

"El Dr. Simon enseña el mecanismo de las tácticas habituales utilizadas por los manipuladores y cómo detectar e impedir sus ataques para poder controlar el resultado. Este libro me ayudó con una persona a la que no me queda más remedio que ver a diario. Al final de cada conversación "amistosa", me sentía deprimido o insultado y no podía entender cómo lograba que me sintiera así. Este libro me ayudó a entender lo que realmente estaba pasando. Las pautas del Dr. Simon pusieron a esta persona al descubierto, lo cual me permitió tomar las riendas de la situación. Como esta persona sabe que ya no me puede controlar, ahora tengo, no una relación perfecta, pero sí mejor que la que tenía antes."

— Un lector de Chicago

"Este libro es como un anillo decodificador secreto para el desorden confuso que caracteriza la forma de actuar del manipulador. **Hazte un favor y consigue este libro ya.**"

—Christy, Missouri

"Es triste que haya personas que a otras le hacen la vida mucho más difícil de lo que debería ser. Ser capaz de identificar a esas personas en tu vida (tanto en casa como en el trabajo) es muy importante y puede ser de valiosa ayuda para 1) no enloquecer, y 2) tomar medidas correctivas. El libro del Dr. Simon está redactado con una claridad sorprendente. **Si solo vas a leer un libro este año, lee este.**"

—JA008, comprador online

"Este es uno de los mejores libros que he leído y **se lo recomendaría a todos.** Me ha ayudado a redefinir mi manera de juzgar a las personas y a ser más fuerte. Solía ser muy ingenuo e ignorar las intenciones ocultas de las personas, y he aprendido muchísimo leyendo este libro."

—S. Brescenti, comprador online

"Este libro deja claro que al mal se le ha dado rienda suelta debido a nuestro desconocimiento de su naturaleza. Simon nos muestra en qué consisten realmente las interacciones aparentemente mundanas que nos dejan perplejos. Según él, los maestros de la manipulación nos dejan agotados mientras tratamos de transformarlos en la persona buena que queremos creer que son. A esto yo le agregaría que los manipuladores son simplemente maldad pura, porque el mal requiere mentir, manipular y debilitar la voluntad del otro mediante el engaño. Simon te enseña cómo reconocer las señales y lo que puedes hacer con ellas. Está en los buenos informar y protegerse de los manipuladores de la sociedad. Este libro es el punto de partida necesario."

—Kaye, un lector del estado de Nueva York

"Conciso y a menudo divertido, George Simon reúne las impertinencias y provocaciones de jefes prepotentes, vecinos antipáticos y odiosos compañeros de trabajo, las resume y analiza, y te muestra las sencillas estrategias psicológicas que utilizan para abusar de tu paciencia, de tu buena voluntad e incluso de tu bolsillo. **He recomendado este libro a todos los que conozco y compré copias adicionales para mis hijos** cuando se incorporaron al mundo del trabajo. ¡Un libro muy recomendable!"

—C. MacCallum, comprador online

Lobos con piel de cordero

Claves para entender y lidiar con los manipuladores

George K. Simon, Jr., Ph.D

Translated by
Maria Iglesia Ramos

Parkhurst Brothers Publishers
MARION, MICHIGAN

www.parkhurstbrothers.com

Primera edición en español, January 2021

2021 n 12 11 10 9 8 7 6 5 4 3 2 1

PARKHURST BROTHERS English language paperback edition ISBN 978-1-935166-30-6
PARKHURST BROTHERS English language ebook edition ISBN 978-1-935166-31-3
PARKHURST BROTHERS Spanish language edition ISBN 978-1-62491-167-5
PARKHURST BROTHERS Spanish language ebook edition ISBN 978-1-62491-168-2

La información sobre la referencia de catálogo de la Biblioteca del Congreso está disponible en las páginas del sitio web de la editorial de este libro. Visite www.parkhurstbrothers.com para obtener información.

www.parkhurstbrothers.com

AVISO A EMPRESAS, UNIVERSIDADES, FACULTADES Y ORGANIZACIONES PROFESIONALES: Se ofrecen descuentos por compras al por mayor de este libro para fines educativos o formativos. Asimismo, es posible crear ediciones y extractos para adaptarlos a necesidades específicas. Para obtener detalles, póngase en contacto con la editorial a través de la información contenida en su sitio web.

AGRADECIMIENTOS

Mi más profundo agradecimiento a mi esposa, la Dra. Sherry Simon, por su amor, fe, comprensión, paciencia y apoyo incondicionales. Ella fue quien dio el título a este libro y su ayuda fue sumamente valiosa para aclarar mis ideas durante su redacción.

Deseo expresar mi agradecimiento al Dr. Bruce Carruth por su crítica del manuscrito original y sus sugerencias para hacerlo más legible.

Deseo manifestar mi profundo reconocimiento por el trabajo del Dr. Theodore Millon. Su enfoque amplio para entender la personalidad no solo ha influido en mis ideas sobre el tema, sino que también ha resultado ser una contribución valiosa a mis esfuerzos por ayudar a las personas a cambiar sus vidas.

Nunca estaré lo bastante agradecido a todos los que han querido compartir conmigo sus experiencias con personas manipuladoras. Me han enseñado mucho y han enriquecido mi vida. Este libro es, en gran parte, un tributo a su coraje y su apoyo.

Agradezco enormemente a los asistentes a los seminarios el reconocimiento, el apoyo y las enriquecedoras aportaciones que me brindaron reiteradamente, y que me han ayudado a esclarecer, perfeccionar e impulsar una de mis principales misiones en la vida.

No tengo palabras para expresar mi gratitud hacia los miles de lectores por los que este libro ha permanecido en las listas activas de librerías por internet y tiendas minoristas durante más de 15 años. Los numerosos correos electrónicos, entradas de blog y cartas que me enviaron los lectores me han ayudado a hacer las actualizaciones y modificaciones necesarias en esta Edición revisada. He tratado de honrar el volumen considerable de comentarios que sigo recibiendo, reflexionando en profundidad sobre los conceptos clave e introduciendo nuevo e importante contenido en esta edición recién revisada.

Finalmente, quiero dar las gracias a Roger Armbrust y a Ted Parkhurst de Parkhurst Brothers, Inc., Publishers. Ted me animó al principio y estuvo siempre a mi lado para lo que necesitara; la gentileza y la presencia de Roger no han hecho más que aportar a mi trabajo y, en definitiva, beneficiar a los lectores.

PRÓLOGO

Tanto si se trata del supervisor que dice apoyarte y al mismo tiempo frustra todas las oportunidades que tienes de salir adelante, el compañero de trabajo que mina tu reputación con todo sigilo para ganarse el favor del jefe, el cónyuge que confiesa que te quiere y que le importas pero que parece controlar tu vida, o el hijo que siempre parece saber qué botones presionar para salirse con la suya, las personas manipuladoras son como el proverbial lobo con piel de cordero. A simple vista, pueden parecer encantadores y amables, pero en el fondo pueden llegar a ser calculadores y despiadados. Astutos y sutiles, se alimentan de tus debilidades y utilizan hábiles tácticas para aprovecharse de ti. Son el tipo de personas que luchan a brazo partido por lo que quieren, aunque se las ingenian para ocultar su agresividad. Es por esto que los denomino personalidades agresivas-encubiertas.

Trabajando en una consulta privada como psicólogo clínico comencé a centrarme en el problema de la agresividad encubierta hace más de veinte años. Lo hice al darme cuenta de que los problemas que traían a muchos pacientes a mi consulta (depresión, ansiedad, inseguridad) resultaron estar relacionados de alguna forma con su vinculación con una persona manipuladora. He asesorado no sólo a víctimas de agresividad encubierta sino también a los propios manipuladores por la angustia que sufrían al descubrir que su manera de conseguir lo que querían y controlar a los demás ya no funcionaba. Mi trabajo me ha permitido apreciar lo generalizada que es la conducta manipuladora y la particular angustia emocional que puede generar en una relación.

El alcance del problema de la agresividad encubierta parece ser patente. La mayoría de nosotros conoce al menos a una persona manipuladora, y raro es el día en que no leamos en el periódico o escuchemos en la radio que alguien se ha aprovechado o ha estafado a muchos antes de que nadie se diera cuenta de su auténtica naturaleza. He ahí el telepredicador que habla de amor, honestidad y decencia mientras engaña a su mujer y despluma a su congregación; o el político, ese que presta juramento como "servidor público" y es pillado llenándose los bolsillos; o el "gurú" espiritual que, mientras abusa de los hijos de sus seguidores y aterroriza con sutileza a quien lo desafía, consigue convencerles de que él es la encarnación misma de Dios. El mundo parece estar lleno de manipuladores.

Aunque los casos más exagerados de lobos con piel de cordero que llegan a los titulares de la prensa son los que captan nuestra atención y hacen que nos preguntemos qué es lo que hace que esta gente "salte", la mayoría de las personas con agresividad encubierta con las que probablemente nos encontremos son bien distintas a esos personajes extremos. Son más bien personas sutilmente taimadas, traicioneras, engañosas y calculadoras con las que trabajamos, nos relacionamos o incluso convivimos, y que pueden hacernos la vida imposible. Nos causan dolor porque nos resulta muy difícil llegar a comprenderlas, y aún más difícil lidiar con ellas de manera eficaz.

Cuando las víctimas de agresividad encubierta buscan ayuda por primera vez para aliviar su angustia emocional, son poco conscientes de por qué se sienten tan mal. Solo saben que se sienten desconcertadas, ansiosas o deprimidas. Sin embargo, poco a poco terminan relatando que su relación con cierta persona las está llevando a la locura. En realidad, no se fían de ella pero no pueden precisar la razón. Se enojan con ella pero, por algún motivo, terminan sintiéndose ellas mismas culpables. Las enfrentan por su comportamiento, solo para terminar poniéndose a la defensiva. Se sienten frustradas porque acaban dándose cuenta de que se dan por vencidas cuando lo que realmente quieren es defenderse, diciendo "sí" cuando quieren decir "no", y sintiéndose deprimidas porque ninguno de sus intentos por mejorar las cosas parece funcionar. Al final, el trato con esa persona les lleva a sentirse confusas, explotadas y maltratadas. Después de analizar los problemas en terapia por un tiempo, llegan a darse cuenta de hasta qué punto su infelicidad es consecuencia directa de su empeño persistente pero infructuoso por comprender, enfrentar o controlar el comportamiento de su manipulador.

Aunque muchos de mis pacientes son personas inteligentes, con recursos y una comprensión adecuada de los principios psicológicos tradicionales, casi todas las maneras en que intentaron entender y lidiar con el comportamiento de su manipulador no les llevaron a ninguna parte y, por lo visto, algunas de las cosas que intentaron no hicieron más que empeorar la situación. Además, ninguno de los métodos que probé inicialmente para ayudarles cambió nada. Con una formación ecléctica, intenté todo tipo de terapias y estrategias diferentes; todas ellas sirvieron, aparentemente, para ayudar a las víctimas a sentirse un poco mejor, pero al parecer ninguna las capacitó lo suficiente como para cambiar la propia naturaleza de su relación con el manipulador. Aún más inquietante es el hecho de que todos los enfoques que probé resultaron totalmente ineficaces con los manipuladores. Al ver que debía haber algo esencialmente erróneo en los enfoques tradicionales para entender y lidiar con las personas manipuladoras, comencé a estudiar el problema detenidamente con la esperanza de desarrollar un enfoque práctico y más eficaz.

Me propongo presentar en este libro una nueva manera de entender la personalidad de la persona manipuladora. Creo que la perspectiva que ofrezco describe a los manipuladores e identifica su comportamiento con más precisión que otros enfoques. Explicaré el concepto de agresividad encubierta y por qué creo que es la esencia de la mayoría de los casos de conducta manipuladora. Quiero centrarme en las dimensiones de la personalidad que requieren atención y que muy a menudo son ignoradas por los enfoques tradicionales. El marco expositivo que presento cuestiona algunas de las suposiciones más comunes que hacemos sobre por qué las personas actúan en la forma en que lo hacen y explica por qué algunas de nuestras creencias más comunes y generalizadas sobre la naturaleza humana nos llevan a convertirnos en víctimas de los manipuladores.

Tengo tres objetivos que cumplir en este libro. El primero es familiarizarte a fondo con la naturaleza de los trastornos del carácter, así como con el carácter propio de la personalidad agresiva-encubierta. Expondré las características de los tipos de personalidades agresivas en general y describiré las peculiaridades de la personalidad agresiva-encubierta. Presentaré varias viñetas, basadas en casos y situaciones reales, que te ayudarán a comprender en profundidad este tipo de personalidad, y mostraré cómo operan las personas manipuladoras. Ser capaz de reconocer a un falso cordero y saber lo que puedes esperar de este tipo de persona es el primer paso para evitar ser victimizado por él.

Mi segundo objetivo es explicar con precisión cómo las personas con agresividad encubierta logran engañar, manipular y "controlar" al prójimo. Las personas con agresividad encubierta se sirven de artimañas o tácticas interpersonales para ganar ventaja sobre los demás. Familiarizarse con estas tácticas ayuda a reconocer el comportamiento manipulador en el momento en que se produce y, por tanto, a evitar tender a caer en el rol de víctima. Analizaré también los rasgos característicos que poseemos muchos de nosotros, que nos hacen excesivamente vulnerables a las tácticas de la manipulación. Saber de qué aspectos de tu propio carácter es más probable que se aproveche el manipulador es otro paso importante para evitar caer en el papel de víctima.

Mi objetivo es describir acciones específicas que cualquiera podría acometer para lidiar eficazmente con personalidades agresivas y con agresividad encubierta.

Presentaré algunas normas generales para redefinir las reglas de juego con este tipo de individuos y describiré algunas técnicas específicas de fortalecimiento personal que pueden ayudar a una persona a romper el ciclo autodestructivo de intentar controlar a su manipulador y deprimirse durante el proceso. Mediante el empleo de estas técnicas es más probable que cualquiera que haya sido víctima concentre sus energías en lo que realmente controla: su propio comportamiento. Saber cómo conducirse en un encuentro con una persona manipuladora es indispensable para poder ser menos vulnerable a las estratagemas del manipulador y tener un mayor control sobre tu propia vida.

He tratado de escribir este libro de manera seria y a fondo, pero a la vez directa y fácilmente comprensible. Lo he escrito para el público en general y también para los profesionales de la salud mental, y espero que sea útil a unos y otros. Al guiarse por distintos supuestos tradicionales, sistemas de encasillamiento y estrategias de intervención, a menudo los terapeutas mantienen e incluso refuerzan inadvertidamente algunas de las mismas ideas equivocadas que tienen sus pacientes sobre el carácter y el comportamiento de los manipuladores, lo cual perpetúa inevitablemente la victimización de los propios manipuladores. Ofrezco una nueva perspectiva con la esperanza de ayudar tanto a los pacientes como a los psicoterapeutas a evitar favorecer la conducta manipuladora.

NOTA DEL AUTOR SOBRE
LA EDICIÓN REVISADA

Desde la primera publicación ampliamente difundida de este libro en 1996, he recibido miles de llamadas, cartas y correos electrónicos, y he escuchado innumerables testimonios y comentarios en los seminarios de personas a quienes les cambió la vida por haber adoptado una nueva perspectiva para entender el comportamiento humano. El tema común que expresaron los lectores y los asistentes a los seminarios era que una vez que disiparon los viejos mitos y comenzaron a considerar los comportamientos problemáticos desde otro ángulo, pudieron comprender claramente que lo que habían intuido durante todo ese tiempo era cierto y se sintieron reforzados por ello. Un fenómeno similar se ha evidenciado en los profesionales de la salud mental que asistieron a los numerosos seminarios de formación que he impartido. Una vez que abandonaron las ideas preconcebidas sobre por qué sus pacientes hacen lo que hacen, fueron más capaces de ayudar tanto a ellos como a sus seres queridos. Yo ya llevaba 10 años impartiendo seminarios antes de escribir *Lobos con piel de cordero*. En ese momento, solo había un pequeño grupo de expertos, investigadores y escritores que reconocían la necesidad de adoptar una nueva perspectiva para entender y tratar con las personas con trastornos del carácter (por ej., Stanton Samenow, Samuel Yochelson y Robert Hare). Lo que los profesionales hoy en día llaman el enfoque cognitivo-conductual estaba en sus comienzos. Las primeras investigaciones sobre el trastorno del carácter me inspiraron y me ayudaron a validar mis propias observaciones. Actualmente, cada vez son más los profesionales que reconocen el problema del trastorno del carácter y utilizan métodos cognitivo-conductuales para diagnosticarlo y tratarlo.

Vivimos en una época totalmente distinta a aquella en que se elaboraron las teorías clásicas de la psicología y la personalidad. Por lo general, los grados de neurosis verdaderamente patológicos son bastante raros, y los niveles problemáticos de trastorno del carácter son cada vez más comunes. Es un problema social generalizado del que deberíamos tomar plena conciencia. Durante los últimos 15 años, he adquirido un enorme caudal de experiencia trabajando con personas con trastornos del carácter de todo tipo, y también se han realizado muchísimos trabajos de investigación. Por lo tanto, he incluido en esta edición un amplio debate sobre el problema del trastorno del carácter en general y lo que diferencia a la persona con trastorno del carácter del neurótico común y corriente.

Agradezco profundamente la extraordinaria acogida de los lectores que ha convertido una pequeña obra independiente en un *best seller* de popularidad creciente aun al cabo de 20 años. Espero que esta edición revisada te proporcione toda la información y los recursos necesarios para entender y lidiar mejor con las personas manipuladores en tu vida.

George K. Simon, Jr., Ph.D.
Septiembre de 2014

ÍNDICE

Parte I – Entender las personalidades manipuladoras

Parte II – Cómo tratar eficazmente con personas manipuladoras

Claves para entender a las personalidades manipuladoras

LA AGRESIVIDAD ENCUBIERTA: LA ESENCIA DE LA MANIPULACIÓN

Un problema común

Puede que estemos familiarizados con los escenarios siguientes. Una esposa trata de aclarar sus sentimientos contradictorios. Está enojada con su marido porque este insiste en que su hija tiene que sacar las mejores notas, pero duda sobre si tiene derecho a enojarse. Cuando le dijo que según su evaluación de las capacidades de su hija, probablemente le estuviera imponiendo exigencias poco razonables, su réplica: "¿No es el deseo de todo padre que sus hijos salgan adelante y tengan éxito en la vida?" la hizo sentir como si fuera ella la mala. Cuando le sugirió que los problemas recientes de su hija podrían ser más complicados de lo que parecían a simple vista, y que convendría buscar asesoramiento familiar, su respuesta "¿Me estás diciendo que tengo un trastorno psiquiátrico?" la hizo sentir culpable por haber sacado el tema a relucir, y aunque ella suele expresar su opinión, siempre acaba cediendo a la suya. A veces cree que el problema es él, por lo egoísta, exigente, intimidante y controlador que es. Pero no tendría por qué guardar rencor a un marido que es fiel, sabe atender las necesidades de su familia y es un respetado integrante de la comunidad. Y sin embargo, le guarda resentimiento, por lo cual no deja de preguntarse si no habrá algo raro en su manera de actuar.

Una madre intenta por todos los medios entender el comportamiento de su hija. A su modo de ver, ninguna adolescente amenazaría con irse de casa ni diría cosas como "todos me odian", a no ser que fuera muy insegura, estuviera asustada o tal vez deprimida. En parte piensa que su hija sigue siendo la misma niña que solía aguantar la respiración hasta quedar morada o que hacia berrinches cada vez que no lograba salirse con la suya. Al fin y al cabo, parece que solo dice y hace estas cosas cuando se la llama al orden o cuando intenta conseguir algo que quiere. Pero en el fondo, tiene miedo de creerlo. "¿Y si de verdad creyera lo que dice?" se pregunta. "¿Y si realmente le hice daño y no me di cuenta?" se preocupa. Odia sentirse "intimidada" por las amenazas y las escenas de arrebatos emocionales de su hija, pero ciertamente no puede arriesgarse a que su hija esté sufriendo de verdad y no atenderla. Además, los niños no se comportan de este modo, a no ser que se sientan inseguros o amenazados por dentro de un modo u otro, ¿no es cierto?

La raíz del problema

En los escenarios anteriores, ninguna de las víctimas confió en su intuición. Inconscientemente, sintieron que estaban a la defensiva, pero conscientemente les fue difícil considerar al manipulador meramente como una persona a la ofensiva. Por un lado, sentían que la otra persona estaba tratando de dominarles y, por otro, no tenían datos objetivos en aquel momento que pudiesen refrendar su intuición. Al final sentían que se estaban volviendo locos.

No es que estén locos; de hecho, las personas se embarcan en peleas casi todo el tiempo, y los manipuladores son expertos en pelear de una forma sutil y casi indetectable. La mayoría de las veces, cuando intentan aprovecharse o tomar la delantera, ni siquiera te das cuenta de que estás peleando hasta que estás a punto de perder. Cuando te manipulan, lo más probable es que alguien esté peleándose contigo para hacerse con el poder, ganar provecho o ventaja, pero de una forma que es difícil detectar inmediatamente. La agresividad encubierta es la esencia de la mayoría de los casos de conducta manipuladora.

La naturaleza de la agresividad humana

Tenemos un instinto de lucha que es primo cercano de nuestro instinto de supervivencia.[1] Casi todo el mundo "lucha" por sobrevivir y prosperar, y nuestra lucha *más intensa* no es ni físicamente violenta ni intrínsecamente destructiva. Algunos expertos han sugerido que nuestro impulso agresivo únicamente tiene la capacidad de expresarse con violencia cuando este instinto básico se ve seriamente frustrado.[2] Otros han sugerido que es posible que haya algunos casos aislados de personas que tengan una predisposición a la agresividad, incluso a la agresividad violenta, por benignas que sean las circunstancias. Pero sin perjuicio de que la raíz de la agresividad violenta pueda encontrarse en factores extraordinarios, predisposición genética, refuerzo de comportamientos aprendidos o una combinación de todo lo anterior, la mayoría de los expertos coinciden en que agresividad per se y violencia destructiva no son sinónimos. A lo largo de este libro, el término agresividad hará referencia a la energía efectiva que todos utilizamos en nuestro intento diario por sobrevivir, progresar, conseguir aquello que tal vez pueda proporcionarnos algún placer y evitar todo lo que pueda obstaculizar el logro de esos objetivos.

La gente se embarca en muchas más peleas en su vida diaria de lo que nunca hemos querido admitir. El impulso de pelear es elemental e instintivo. Quienquiera que niegue la naturaleza instintiva de la agresividad, o bien no ha visto nunca a dos niños pequeños pelearse por poseer el mismo juguete, o de algún modo se le ha olvidado esta escena prototípica. La lucha también forma parte fundamental de nuestra cultura, desde las feroces disputas partidistas que caracterizan al gobierno representativo, hasta el entorno empresarial competitivo o nuestro sistema judicial basado en el conflicto entre partes opuestas, la trama de nuestro tejido social está teñida de violencia. Pleiteamos, interponemos demandas de divorcio, nos peleamos acerca de la custodia de nuestros hijos, competimos por puestos de trabajo y luchamos unos con otros por defender determinados objetivos, valores, creencias e ideales. El teórico de la psicodinámica Alfred Adler expresó hace muchos años que también nos esforzamos por reafirmar un sentido de superioridad social.[3] En nuestra lucha por conseguir ventajas personales y sociales, rivalizamos unos con otros para colocarnos en primera línea y asegurarnos poder, prestigio y un "nicho" social estable. De hecho, tenemos que luchar tanto en tantos ámbitos de nuestra vida, que me parece acertado decir que cuando no estamos centrados en algún acto de amor, tendemos a acabar involucrados en algún tipo de guerra.

La lucha no es intrínsecamente negativa ni nociva, y luchar abierta y equitativamente por nuestras necesidades legítimas es a menudo necesario y constructivo. Cuando luchamos por lo que realmente necesitamos respetando los derechos y necesidades de los demás y cuidando de no dañarlos innecesariamente, nuestro comportamiento podría perfectamente definirse como *asertivo*, y este comportamiento asertivo es uno de los comportamientos humanos más saludables y necesarios. Es maravilloso cuando aprendemos a reafirmarnos en nuestros intentos por satisfacer necesidades personales, superar la dependencia malsana y tener el máximo de autonomía. Pero cuando peleamos innecesariamente o sin que nos importe cómo nuestro proceder afecta a los demás, nuestro comportamiento podría definirse más apropiadamente como *agresivo*. En un mundo civilizado, la lucha (la agresividad) no controlada casi siempre es un problema. El hecho de que seamos una especie agresiva tampoco nos hace intrínsecamente imperfectos o "malvados". Adoptando la perspectiva propugnada en buena parte por Carl Jung,[4] yo afirmaría que la maldad que aflora en ocasiones en el comportamiento agresivo de una persona emana de su incapacidad de "asumir" y controlar este natural instinto humano.

Dos tipos importantes de agresividad

Dos de los tipos fundamentales de agresividad (otros, como la agresividad reactiva *versus* la agresividad instrumental serán discutidos más adelante) son la agresividad manifiesta y la encubierta. Cuando estás decidido a salirte con la tuya o ganar ventaja y eres abierto, directo y obvio en tu forma de luchar, tu comportamiento podría perfectamente definirse como manifiestamente agresivo. Cuando estás empeñado en "ganar", salirte con la tuya, dominar o controlar, pero eres lo suficientemente sutil, taimado o engañoso para ocultar tus verdaderas intenciones, tu comportamiento podría perfectamente definirse como agresivo encubierto. Ocultar formas manifiestas de agresividad e intimidar al mismo tiempo a otros para que desistan o se rindan es una estrategia manipuladora muy poderosa. Por ello, *la agresividad encubierta suele ser el medio de manipulación que ejerce una persona sobre otra.*

Agresividad encubierta y pasiva

A menudo escucho a la gente decir que alguien es "pasivo-agresivo" cuando lo que realmente está tratando de describir es el comportamiento agresivo encubierto. Si bien tanto la agresividad encubierta como la agresividad pasiva son formas indirectas de agredir, encarnan conceptos muy distintos. La agresividad pasiva viene a ser, como su nombre lo indica, una agresividad con actitud pasiva. Ejemplos de agresividad pasiva son el juego de la "revancha emocional" con una persona resistiéndose a cooperar con ella y castigándola con el silencio, poniendo cara larga o lloriqueando, y "olvidar" (no del todo accidentalmente) algo que quería que hicieras, simplemente porque estabas enojado y no tenías ganas de complacerla, etc. Por otro lado, la agresividad encubierta es muy *activa*, por más que sea velada. Cuando alguien utiliza la agresividad encubierta, esa persona está usando métodos premeditados y engañosos para conseguir lo que quiere o para manipular la respuesta de otros ocultando sus intenciones agresivas.

Actos de agresividad encubierta versus personalidades agresivas-encubiertas

La mayoría de nosotros hemos adoptado alguna vez algún tipo de comportamiento agresivo encubierto, pero eso no necesariamente convierte a alguien en una personalidad agresiva-encubierta o manipuladora. La personalidad de un individuo se puede definir por la forma en que habitualmente percibe, se relaciona e interactúa con los demás y con el mundo en general.[5] Es el "estilo" interactivo característico o la costumbre relativamente arraigada que tiene una persona de hacer frente a una serie de situaciones y de obtener lo que desea en la vida. Algunas personalidades pueden llegar a ser muy despiadadas en su conducta relacional ocultando su carácter agresivo, o tal vez incluso proyectando un encanto convincente y superficial. Estas personalidades agresivas-encubiertas pueden abusar de ti y a la vez quedar bien. La personalidad agresiva-encubierta varía en el grado de crueldad y en el nivel de patología del carácter que manifiesta, pero dado que los ejemplos más extremos pueden enseñarnos sobre el proceso de manipulación en general, este libro prestará especial atención a algunas de las formas más graves de agresividad encubierta.

El proceso de victimización

Durante mucho tiempo me he preguntado por qué a las víctimas de manipulación les cuesta tanto darse cuenta de lo que realmente está ocurriendo en una interacción manipulativa. Al principio, tuve la tentación de culparlas, pero he aprendido que los motivos por los que son engañadas están más que justificados:

1. La agresión del manipulador no es obvia. Podríamos intuir que tratan de abrumarnos, tener poder o salirse con la suya, y sentirnos *inconscientemente* intimidados. Pero como no podemos apuntar a datos objetivos claros que prueben que nos están agrediendo, nos resulta difícil validar nuestra intuición.

2. Las tácticas que suelen usar los manipuladores son poderosas técnicas de engaño, lo que hace que sea difícil reconocerlas como argucias ingeniosas. Pueden hacer que nos parezca que la persona que las usa lo pasa mal, se preocupa o se defiende, o prácticamente cualquier cosa menos luchar por sacar provecho de nosotros. Sus explicaciones siempre tienen el suficiente sentido como para hacer que los demás pongan en duda su propio presentimiento de que se están aprovechando o están abusando de ellas. Sus tácticas no solo hacen que al otro le resulte difícil saber consciente y objetivamente que su manipulador está tratando de vencerle, sino que además mantienen a la víctima inconscientemente a la defensiva. Así, esta táctica funciona como un efectivo

"doble golpe" psicológico. Cuando alguien logra desconcertarte emocionalmente, es difícil pensar con claridad y ser capaz de reconocer sus tácticas como tales.

3. Todos nosotros tenemos debilidades e inseguridades de las que un manipulador hábil podría abusar. A veces somos conscientes de estas debilidades y de cómo alguien podría utilizarlas para aprovecharse de nosotros. Por ejemplo, escucho a muchos padres decir cosas como: "Sí, yo sé que es fácil hacerme sentir culpable", pero cuando su hijo manipulador toca las teclas adecuadas, casi nunca se dan cuenta de lo que está ocurriendo. Además, a veces no somos conscientes de nuestras mayores vulnerabilidades. Los manipuladores a menudo nos conocen mejor de lo que nos conocemos a nosotros mismos. Saben qué teclas tocar, cuándo tocarlas y hasta qué punto tocarlas. El hecho de no darnos cuenta de lo que está ocurriendo nos convierte en presas fáciles.

4. Lo que nuestra intuición nos dice de cómo son en realidad los manipuladores desafía todo lo que nos enseñaron sobre la naturaleza humana. Nos hemos visto avasallados por una psicología que nos hace ver a las personas con problemas, al menos hasta cierto punto, como temerosas, inseguras o "traumadas". Así es que, por más que nuestra intuición nos diga que estamos tratando con un confabulador sin escrúpulos, nuestra cabeza nos dice que, "en el fondo" debe sentirse muy asustado, herido o lleno de dudas. Más aún, la mayoría de nosotros solemos odiar la idea de comportarnos como personas crueles e insensibles. Nos cuesta hacer juicios severos o negativos sobre los demás. Preferimos darles el beneficio de la duda y creer que en realidad no albergan las intenciones malévolas que sospechamos. Más bien

tendemos a dudar de nosotros mismos y a culparnos por atrevernos a creer lo que nos dice nuestra intuición sobre el carácter de nuestro manipulador.

Reconocer los planes agresivos encubiertos

Reconocer hasta qué punto "luchar por aquello que uno quiere" es importante para alguien, y tomar más conciencia de las formas sutiles y ocultas de "luchar" que la gente utiliza o puede llegar a utilizar en su vida cotidiana o en sus relaciones personales, puede resultar particularmente revelador. Aprender a reconocer la primera maniobra agresiva en cuanto alguien la realiza y cómo manejarse en cualquiera de las muchas batallas de la vida ha demostrado ser la experiencia que más ha fortalecido a las víctimas de manipulación con las que he trabajado. Así es como consiguieron finalmente liberarse del dominio y control del manipulador y pudieron lograr algo que tanto necesitaban: reforzar su autoestima. Es fundamental reconocer la agresividad inherente al comportamiento manipulador y tomar más conciencia de las tácticas astutas y encubiertas que eligen las personas manipuladoras para agredirnos. El no reconocer y etiquetar con precisión sus maniobras sutilmente agresivas lleva a las personas a malinterpretar el comportamiento de los manipuladores y, por tanto, a no reaccionar ante ellos de manera apropiada. Darse cuenta de que un manipulador nos está atacando e identificar cuándo y cómo lo hace es fundamental para poder salir airosos de cualquier encuentro con alguien así. Desafortunadamente, ni los psicoterapeutas ni los legos suelen reconocer los propósitos y acciones de otras personas por lo que realmente son. Esto se debe principalmente a que hemos sido programados para creer que alguien solo muestra un comportamiento problemático cuando está "atormentado" por dentro o ansioso por algo. También se nos ha inculcado que la gente sólo agrede en respuesta a algún tipo de ataque previo. Es por ello que cuando intuimos que alguien nos está atacando sin motivo o simplemente intenta dominarnos, no solemos aceptarlo fácilmente. Solemos preguntarnos qué es lo que "en el fondo" les preocupa tanto para comportarse de forma tan inquietante. Puede que incluso terminemos preguntándonos qué fue lo que dijimos o hicimos para que se sintieran "amenazados", e intentemos analizar la situación hasta el hartazgo en lugar de simplemente responder al ataque. Casi nunca se nos ocurre pensar que no hacen más que atacarnos para conseguir lo que quieren, aprovecharse de nosotros o dominarnos. Y cuando los percibimos esencialmente como víctimas, hacemos todo lo posible por comprenderlos en vez de protegernos.

A menudo, no solo nos cuesta reconocer las formas en que las personas agreden, sino también discernir el carácter marcadamente agresivo de muchas personalidades. El legado de la obra de Sigmund Freud tiene mucho que ver con esto. Las teorías de Freud (y las de otros que ampliaron su trabajo) tuvieron por mucho tiempo enorme influencia en el campo de la psicología y las ciencias sociales. Los principios básicos de estas clásicas teorías psicodinámicas y su constructo característico, la *neurosis*, han dejado su huella en la conciencia colectiva y hay muchos términos psicodinámicos que se han introducido en el lenguaje corriente. Estas teorías también tienden a considerar a *todos*, al menos hasta cierto punto, como *neuróticos*. Las personas neuróticas son personas excesivamente inhibidas que sufren de ansiedad excesiva e irracional (es decir, temor no específico), culpabilidad y vergüenza cuando se trata de actuar según sus instintos básicos o de satisfacer sus deseos y necesidades básicos. Es indiscutible el impacto negativo de la excesiva generalización y de haber transformado las observaciones de Freud sobre un pequeño grupo de individuos excesivamente cohibidos en una serie de supuestos sobre las causas de la enfermedad mental.[6] Sin embargo, estas teorías han impregnado tanto nuestra forma de pensar sobre la naturaleza humana, y especialmente nuestras teorías de la personalidad, que cuando la mayoría de nosotros tratamos de analizar el carácter de alguien, automáticamente nos ponemos a pensar en qué miedos pueden estar atormentándolo, qué tipo de "defensas" utilizan y qué tipo de situaciones "amenazantes" desde el punto de vista psicológico podrían estar tratando de "evitar."

La necesidad de una nueva perspectiva psicológica

Las teorías clásicas de la personalidad se desarrollaron en una época extraordinariamente represiva. Si hubiera un lema para la época victoriana, sería: "¡Ni lo pienses!" En esos tiempos, cabría esperar que la neurosis tuviera una mayor prevalencia. Freud trataba a individuos que se encontraban tan abrumados por sentimientos de vergüenza y culpa en relación a sus impulsos primarios que algunos llegaban a padecer una "ceguera histérica" para evitar el riesgo de rozar conscientemente su objeto de deseo con miradas lascivas. Los tiempos ciertamente han cambiado. El clima social de hoy es mucho más permisivo. Si hubiera un lema para nuestro tiempo, como recomendaba el viejo anuncio que llegó a ser tan popular, sería: "¡Hazlo!" Muchos de los problemas que atraen la atención de los profesionales de la salud mental de hoy en día son fruto, no tanto de los miedos e inhibiciones de una persona, como de la falta de autocontrol sobre sus instintos básicos. Esto es, hoy en día los terapeutas tienden a tratar cada vez más casos no con mucha sino con muy poca neurosis (por ejemplo a personas con alguna *alteración del carácter*). En consecuencia, las teorías clásicas sobre la personalidad y las recomendaciones asociadas a estas para ayudar a los pacientes a lograr una mayor estabilidad psicológica han resultado de escaso valor cuando se trata a muchas de las personas con trastorno del carácter de hoy en día.

Algunos profesionales de la salud mental necesitan superar prejuicios importantes para reconocer y abordar mejor el comportamiento agresivo o agresivo encubierto. Los terapeutas que tienden a considerar cualquier tipo de agresión, no ya como un problema en sí, sino como un "síntoma" de un trastorno subyacente, inseguridad o temor inconsciente, pueden centrarse tanto en el supuesto de "conflicto interno" del paciente, que pasen por alto las conductas agresivas, principal causa del problema. Aquellos terapeutas a quienes se les ha inculcado la teoría de la neurosis tenderán a "encuadrar" los problemas de manera incorrecta. Así, por ejemplo, interpretarán que quien durante toda su vida ha buscado agresivamente la independencia, nunca ha sido leal a nadie y se ha beneficiado todo lo que ha podido de las relaciones con los demás sin sentirse obligado a dar algo a cambio, debe necesariamente estar "compensando" un "temor" a la intimidad. Dicho de otra manera, no verán a un maltratador desalmado y abusivo, sino a un individuo asustado que está tratando de escapar, percibiendo así erróneamente la auténtica naturaleza de la situación.

No es apropiado ni útil generalizar excesivamente las características de las personalidades neuróticas en un intento por describir y entender todas las personalidades. Es preciso que dejemos de tratar de definir *cada* tipo de personalidad en función de cuáles sean sus mayores temores o los mecanismos que puedan usar para "defenderse". Necesitamos un marco teórico completamente diferente si realmente queremos entender y tratar con los tipos de personas que luchan demasiado por contraposición a aquellos que se "acobardan" o "huyen" demasiado. Presentaré este marco en el capítulo 1. Presentaré varios tipos de personalidades agresivas cuyo perfil psicológico difiere radicalmente de las personalidades más neuróticas. Es dentro de este contexto que podrás entender mejor la naturaleza de las personas con trastorno del carácter en general, así como el carácter propio de las personas manipuladoras a las que llamo personalidades agresivas encubiertas. Espero presentar esta nueva perspectiva, no solo en un estilo fácilmente asimilable por el lector lego que esté tratando de entender y lidiar con una situación difícil, sino también de tal manera que pueda resultar útil para los profesionales de la salud mental en su práctica clínica.

PERSONALIDADES AGRESIVAS Y CON AGRESIVIDAD ENCUBIERTA

Entender la verdadera naturaleza de las personas manipuladoras es el primer paso para lidiar eficazmente con ellas. Para saber cómo son realmente, tenemos que situarlas en el contexto adecuado. En este capítulo, espero presentar un marco para entender la personalidad y el carácter que te ayudarán a distinguir a los manipuladores de otros tipos de personalidad y a mejorar tu capacidad para detectar al lobo con piel de cordero cuando te encuentres con él.

Personalidad

El término personalidad deriva de la palabra latina "persona", que significa "máscara". En el teatro antiguo, cuando los actores eran solo hombres y cuando el arte de expresar emociones mediante técnicas dramáticas no había alcanzado su pleno desarrollo, los personajes femeninos y sus estados emocionales divergentes eran retratados a través del uso de máscaras. Los teóricos clásicos que conceptualizaron la personalidad como la fachada social o "máscara" que usaba una persona para esconder su "verdadero yo" adoptaron este término. Sin embargo, la clásica definición de personalidad ha resultado ser bastante restrictiva.

La personalidad también puede definirse como la manera propia que desarrolla cada persona de percibir a los demás y relacionarse con ellos y con el mundo en general.[7] Dentro de este modelo de personalidad, la biología juega un papel fundamental (por ejemplo, influencias genéticas, hormonales, bioquímica del cerebro), al igual que el temperamento; y, por supuesto, las características del entorno de una persona y lo que ha aprendido de experiencias pasadas también ejercen una gran influencia. Todos estos factores interactúan dinámicamente y contribuyen al "estilo"[8] propio que desarrolla una persona con el tiempo al tratar con los demás y enfrentarse al estrés de la vida diaria en general. El "estilo" interactivo interpersonal de una persona o personalidad parece ser una característica bastante estable que no se modera con el paso del tiempo y se generaliza en una amplia diversidad de situaciones.

Carácter

El estilo único de cada uno de relacionarse con los demás tiene ramificaciones sociales, éticas y morales. Al aspecto de la personalidad de una persona que refleja cómo asume y cumple sus responsabilidades sociales y cómo se comporta con los demás se le ha llamado a veces *carácter*.[9] Algunos utilizan los términos carácter y personalidad como sinónimos. No obstante, en este libro, el término carácter hace referencia a aquellos aspectos de la personalidad de un individuo que reflejan en qué medida ha desarrollado integridad personal y ha asumido el compromiso de comportarse de forma socialmente responsable. Las personas de carácter sano refrenan sus impulsos instintivos, moderan los rasgos salientes de su conducta y, sobre todo, disciplinan sus tendencias agresivas por el bienestar de toda la sociedad.

Algunos tipos básicos de personalidad

Se ha escrito un enorme caudal de literatura clínica sobre los diversos tipos de personalidad. Hacer un análisis de todos los tipos de personalidad no es el propósito de este libro. Sin embargo, me resulta particularmente útil distinguir dos dimensiones básicas de la personalidad que se encuentran en los extremos opuestos de un continuo que refleja cómo afronta un individuo los desafíos de la vida.

Como criaturas enfocadas en cumplir metas, todos invertimos una cantidad considerable de tiempo y energía tratando de obtener todo aquello que creemos que nos ayudará a prosperar o que nos aportará algún tipo de placer. Encontrar obstáculos o impedimentos a lo que queremos es la esencia del conflicto humano. Cuando las personas se encuentran ante un obstáculo para alcanzar su propósito, tienen fundamentalmente dos opciones: pueden sentirse tan abrumadas o intimidadas por la resistencia que encuentran, o tan inseguras de su capacidad para hacerle frente que desisten acobardadas; o bien pueden hacerle frente al obstáculo. Si confían lo suficiente en su capacidad de lucha y son lo bastante tenaces, podrían intentar eliminar por la fuerza o vencer aquello que se interponga entre ellos y el objeto de su deseo.

Las personalidades sumisas retroceden ante posibles conflictos de manera habitual y exagerada. Dudan de sus capacidades y tienen un miedo excesivo a pronunciarse. Se niegan a sí mismos la oportunidad de experimentar el éxito al "huir" de las situaciones difíciles. Este patrón de conducta les impide desarrollar su sentido de competencia personal y alcanzar la autosuficiencia. Algunos teóricos de la personalidad describen a estos individuos como *pasivo-dependientes*[10] porque su pasividad les lleva básicamente a ser totalmente dependientes de que otros luchen por ellos. Al sentirse inseguros, se someten sin reparos a la voluntad de aquellos a los que consideran más fuertes o más capaces que ellos.

Por el contrario, las personalidades agresivas son demasiado propensas a luchar ante cualquier conflicto potencial. Su principal objetivo en la vida es "ganar" y persiguen este objetivo con gran pasión. Se esfuerzan por superar, derribar o eliminar por todos los medios cualquier barrera que obstaculice lo que quieren. Ambicionan el poder y, en cuanto lo consiguen, lo utilizan sin reservas ni escrúpulos. Siempre se esfuerzan por estar "en la cima" y ostentar el control. Siempre están dispuestos a enfrentar los desafíos. Esté fundada o no la confianza que tengan en su capacidad para desenvolverse en los conflictos, tienden a ser excesivamente autosuficientes o emocionalmente *independientes*.

Personalidades neuróticas y trastornos del carácter

Hay otras dos dimensiones importantes de la personalidad que representan extremos opuestos de otro continuo. A las personalidades que son excesivamente inseguras sobre la manera de proceder y demasiado ansiosas cuando intentan satisfacer sus necesidades básicas, se les suele llamar *neuróticas*. La agitación emocional interna que experimenta la personalidad neurótica surge en la mayoría de los casos de los "conflictos" entre sus instintos básicos y los reparos de su conciencia. Así pues, por regla general, es acertado el punto de vista de Scott Peck en *The Road Less Traveled* [*El camino menos transitado*] de que los neuróticos padecen de un exceso de conciencia.[11] Estos individuos temen procurar satisfacer sus necesidades, porque cuando lo hacen, se sienten abrumados por una sensación de excesiva vergüenza y culpa. En cambio, las personalidades con *trastorno del carácter* carecen de autodominio a la hora de controlar sus impulsos primarios. **No les importan** las consecuencias de sus actos. De nuevo, Peck señala que son el tipo de personas que tienen muy poca conciencia.[12] No es posible caracterizar a cada individuo simplemente como neurótico o como con trastorno del carácter, sino que cada uno se encuentra en algún punto de un continuo definido entre los polos "esencialmente neurótico" y "esencialmente con trastorno del carácter". No obstante, es muy importante establecer la distinción en cuanto a si una persona es esencialmente neurótica o bien tiene un trastorno del carácter.

Freud postuló que la civilización es la causa de la neurosis. Advirtió que las principales formas en que las personas infligen daños a otras y les causan sufrimientos en sus vidas conllevan actos sexuales o de agresión y que la sociedad condena a menudo este tipo de actos cuando son indiscriminados. Por ello, teorizó que las personas que internalizan las prohibiciones sociales, aunque pierdan su condición de salvajes, pagan un precio por su autocontrol por medio de la neurosis. Sin embargo, desde otro punto de vista, se podría decir que la voluntad de la mayoría de las personas de reprimir (o incluso preocuparse de) sus instintos sexuales y agresivos es lo que hace posible la civilización. Pocas personas son capaces de "dominar" y ejercer disciplina *voluntariamente* sobre sus instintos básicos y, por tanto, tal y como Carl Jung sugirió que era posible,[13] de *transcender* sus neurosis. Así, por lo general, es nuestro potencial neurótico lo que nos mantiene civilizados. La neurosis es, por tanto, un fenómeno muy funcional, con moderación. En el ambiente social permisivo de hoy, es mucho menos común que la neurosis llegue a un punto tal que sea necesaria una intervención terapéutica, y las personas neuróticas son el eje central de nuestra sociedad.

En una sociedad civilizada, los individuos con trastorno del carácter son más problemáticos que los neuróticos. Los neuróticos se causan problemas a sí mismos porque permiten que sus miedos excesivos ahoguen sus propios logros. Y esto ocurre solo en aquellos casos relativamente raros en los que la neurosis es excesiva. Por el contrario, las personalidades con trastorno del carácter, al estar libres de reparos de conciencia, persiguen fervientemente sus metas personales con indiferencia hacia —y a menudo a expensas de— los derechos y las necesidades de los demás,[14] causando así todo tipo de problemas a otros y a la sociedad en general. Un dicho común entre los profesionales es que si una persona se amarga a sí misma, probablemente sea neurótica, y si amarga a los demás, probablemente tenga un trastorno del carácter. Entre los diversos tipos de personalidad, las personalidades sumisas están entre las más neuróticas y las personalidades agresivas están entre las que presentan el mayor grado de trastorno del carácter.

Hay características que definen a los individuos predominantemente neuróticos, por oposición a los que esencialmente presentan un trastorno del carácter. Es fundamental no olvidar estas diferencias, tanto si eres una persona con una relación problemática o un terapeuta tratando de entender y remediar una situación malsana.

PERSONALIDAD NEURÓTICA

- En los neuróticos, la ansiedad juega un papel fundamental en el desarrollo de su personalidad y exacerba sus "síntomas" de angustia.
- Los neuróticos tienen una conciencia, o superego, bien desarrollado o incluso hiperactivo.
- Los neuróticos tienen excesiva capacidad de sentir vergüenza y culpa, y esto aumenta su ansiedad y es lo que más los angustia.
- Los neuróticos emplean mecanismos de defensa que les ayudan a reducir su ansiedad y a protegerse del devastador sufrimiento emocional.
- El miedo al rechazo social impulsa a los neuróticos a enmascarar su verdadero yo y a presentar una imagen falsa a los demás.

- Los "síntomas" de angustia que sienten los neuróticos son egodistónicos (es decir, los perciben como no deseados). Por ello, los neuróticos buscan a menudo ayuda voluntariamente para aliviar su angustia.
- Los conflictos emocionales subyacen a los síntomas descritos por los neuróticos y son el enfoque terapéutico adecuado.
- Los neuróticos tienen a menudo la autoestima dañada o deficiente.
- Los neuróticos son hipersensibles a las consecuencias adversas y al rechazo social.
- Los conflictos emocionales internos que causan ansiedad a los neuróticos y los mecanismos de defensa que utilizan para reducir esa ansiedad son, en gran parte, inconscientes.
- Habida cuenta de que la raíz de los problemas es a menudo inconsciente, los neuróticos necesitan y a menudo se benefician del mayor autoconocimiento que ofrecen los enfoques terapéuticos tradicionales orientados hacia la introspección.

TRASTORNOS DEL CARÁCTER

- La ansiedad desempeña un papel menor en los problemas que presentan las personas con trastorno del carácter (TC). A las personas con TC, su patrón de comportamiento disfuncional no les genera demasiada aprensión ni ansiedad.
- Las personas con trastorno del carácter extremo pueden tener una falta de conciencia total. La mayoría de las personas con TC tienen conciencias muy poco desarrolladas.

- Las personas con TC tienen capacidad limitada de sentir vergüenza y culpa genuinas.
- Lo que a algunos puede parecerles un mecanismo de defensa, es más probable que sea una táctica de poder que usan para manipular a otros y resistirse a hacer concesiones a las exigencias de la sociedad.
- Las personas con TC intentarán controlar la impresión que te haces de ellos, pero en el fondo, su personalidad es la que es.
- Los aspectos problemáticos de la personalidad de las personas con TC son egosintónicos (es decir, se gustan tal y como son y se sienten cómodos con sus patrones de comportamiento, aun cuando pudieran molestar mucho a otros). Pocas veces buscan ayuda por su cuenta, sino que suelen ser presionados por otros.
- Las actitudes o patrones cognitivos erróneos subyacen a los comportamientos problemáticos que presentan las personas con TC.
- Las personas con TC tienen casi siempre un exceso de autoestima. Su ya exagerada imagen de sí mismos no es ninguna compensación de sentimientos subyacentes de inadecuación.
- Las personas con TC se muestran impertérritas ante las consecuencias negativas de sus actos y la condena social.
- Los patrones de comportamiento problemáticos pueden ser habituales y automáticos, pero son también conscientes y deliberados.
- Las personas con trastorno del carácter son sobradamente conocedoras y conscientes de su naturaleza y, sin embargo, se resisten a cambiar sus actitudes y creencias básicas. No necesitan tener más percepción; lo que necesitan y más les conviene tratar son los límites, la

confrontación y, muy especialmente, la corrección. Los enfoques terapéuticos cognitivo-conductuales son los más adecuados.

Como se describe, en casi todas las dimensiones, las personas con trastorno del carácter son muy diferentes a las personas neuróticas. Específicamente, las personas con trastorno del carácter no piensan como la mayoría de nosotros. En los últimos años, los investigadores se han dado cuenta de la importancia de reconocer ese hecho. Cómo pensamos, lo que creemos y las actitudes que hemos desarrollado determinan en gran medida cómo actuaremos. Este es en parte el motivo por el que las investigaciones actuales indican que la terapia cognitivo-conductual (confrontación de patrones cognitivos erróneos y reforzamiento de la voluntad de una persona de cambiar sus patrones cognitivos y comportamiento) es el tratamiento de elección para las personas con trastorno del carácter.

La investigación sobre los patrones cognitivos distorsionados comenzó hace varios años y se centró en los patrones cognitivos de los delincuentes. A lo largo de los años, los investigadores han llegado a comprender que los patrones cognitivos problemáticos son comunes a todos los tipos de personas con trastorno del carácter. He adoptado, modificado y complementado muchos de los patrones cognitivos problemáticos conocidos y doy aquí un breve resumen de algunos de los más importantes:

- **Actitud egocéntrica**. La persona con trastorno del carácter está siempre pensando en sí misma. No piensa en lo que los otros necesitan ni en cómo su comportamiento podría afectar a los demás. Este tipo de pensamiento da lugar a actitudes de egoísmo y desdén por las obligaciones sociales.

- **Actitud posesiva**. Se trata de pensar en las personas como posesiones para utilizarlas como me plazca y cuyo rol es satisfacerme. La persona con trastorno del carácter tiende además a ver a los demás como objetos (objetivación) en lugar de individuos con dignidad, valor y necesidades. Este modo de pensar conduce a actitudes de posesividad, legitimación y deshumanización.
- **Mentalidad extrema (todo o nada)**. La persona con trastorno del carácter tiende a pensar que si no puede tener todo lo que quiere, no aceptará nada. Si no domina, siente que no es nadie. Si alguien no está de acuerdo con todo lo que dice, piensa que no valora sus opiniones. Este modo de pensar le priva de todo sentido de equilibrio o moderación y favorece una actitud intransigente.
- **Mentalidad egomaníaca**. La persona con trastorno del carácter se sobrevalora a tal punto que piensa que tiene derecho a todo lo que quiere. Tiende a pensar que se le deben cosas en lugar de aceptar que debe ganar las cosas que desea. Este modo de pensar favorece actitudes de superioridad, arrogancia y legitimación.
- **Mentalidad carente de vergüenza**. La persona con trastorno del carácter carece de un sentido de vergüenza sano. Tiende a no importarle cómo su comportamiento le pone en tela de juicio. Puede sentir vergüenza si alguien desvela su verdadera personalidad, pero esta vergüenza no significa que se sienta avergonzado por tener una conducta reprobable. La ausencia de vergüenza favorece una actitud de descaro.
- **Mentalidad impulsiva e irreflexiva**. La persona con trastorno del carácter quiere siempre las cosas por la vía fácil. Odia esforzarse o asumir obligaciones. Disfruta

mucho más "engañando" a la gente. Este modo de pensar favorece una actitud de desprecio por el trabajo y el esfuerzo.

- **Mentalidad de impunidad.** La persona con trastorno del carácter se lleva lo que quiere, sin pensar jamás en lo correcto o incorrecto de su comportamiento antes de actuar, y sin importarle la norma que transgrede. Este modo de pensar favorece una actitud irresponsable y antisocial.

Personalidades agresivas y subtipos de personalidad agresiva

El teórico de la personalidad Theodore Millon conceptualiza las personalidades agresivas como activo-independientes[15] en su manera de interactuar con los demás y lidiar con el mundo en general. Señala que esas personas se ocupan activamente de satisfacer sus necesidades y evitan depender de los demás. También sugiere que hay dos tipos de personalidad activo-independiente: una que es capaz de adaptar su conducta lo suficientemente bien como para funcionar en la sociedad, y otra que es incapaz de acatar la ley.[16] No estoy de acuerdo con que la etiqueta "agresivo" sea la mejor para describir el estilo interpersonal de todo subtipo de personalidad activo- independiente. Uno puede adoptar un estilo de personalidad que implique ocuparse de sí mismo de forma activa sin llegar a ser agresivo. Tal es el caso de la personalidad asertiva, que considero la más sana de todas las personalidades. Pero estoy totalmente de acuerdo en que hay muchos más tipos de personalidades agresivas que delincuentes profesionales, y es una pena que la nomenclatura psiquiátrica oficial solo reconozca como trastorno psicológico un pequeño subtipo de personalidad activo-independiente: la personalidad *antisocial*.

A diferencia de la personalidad asertiva, la personalidad

Las **personalidades con agresividad descontrolada** se comportan de forma abiertamente hostil, con frecuencia violenta y a menudo criminal. Se trata de las personas a las que llamamos comúnmente *antisociales*. Tienden a enojarse fácilmente, carecen del miedo funcional y la prudencia necesarios para adaptarse, son impulsivas, temerarias, tienen un comportamiento arriesgado y son propensas a violar los derechos de los demás. Muchas pasan buena parte de sus vidas encarceladas porque simplemente no se amoldan, incluso cuando sea lo mejor para ellas. El pensamiento tradicional sobre estas personalidades ha sido siempre que son lo que son porque se criaron en condiciones que les llevaron a desconfiar de la autoridad y de otros, y quedaron demasiado marcadas por el abuso y la negligencia como para "crear vínculos" con los demás. Mi experiencia a lo largo de los años me ha convencido de que la hostilidad de algunas de estas personalidades con agresividad manifiesta ha sido sin duda alimentada por una desconfianza desmesurada hacia otros. Un número aún menor parece estar biológicamente predispuesto a suspicacia y recelo extremos (es decir, tienen también rasgos de personalidad paranoica). Pero mi experiencia me ha enseñado que la mayoría de las personalidades con agresividad descontrolada no están motivadas tanto por la desconfianza y la sospecha como por una tendencia excesiva a agredir, incluso si es innecesaria, espontánea o motivada por la ira. Agreden sin vacilar y sin importarles las consecuencias para ellos mismos y para los demás. Y muchos de estos individuos carecen de antecedentes de abuso, negligencia o situación desfavorable. De hecho, algunos hasta gozaron de circunstancias privilegiadas. De ahí que se estén reevaluando muchas de nuestras hipótesis tradicionales sobre estas personalidades. Un investigador señaló que el único factor común fiable que pudo encontrar entre todas las diferentes "personalidades criminales" con las que trabajó fue que todas parecían disfrutar con actividades ilícitas.

Las **personalidades con agresividad encauzada** son personalidades con agresividad manifiesta que generalmente canalizan su agresividad hacia salidas socialmente aceptables, como los negocios, el deporte, las fuerzas del orden público, la jurisprudencia, el ejército. Estas personas suelen ser recompensadas por ser fuertes, obstinadas y competitivas. Pueden hablar abiertamente de "enterrar" a la competencia o "aplastar" a sus oponentes. Normalmente no llegan a sobrepasar los límites del comportamiento antisocial, pero en realidad no debería sorprender a nadie cuando lo hacen. La razón de por qué lo hacen es que su conformidad social es en muchos casos una cuestión práctica más que una verdadera sujeción a un conjunto de principios o a una autoridad superior, por lo que rompen las reglas e infligen daño innecesario a otros cuando creen que está justificado hacerlo o cuando piensan que pueden salir impunes.

La **personalidad con agresividad sádica** es otro subtipo de personalidad con agresividad manifiesta. Al igual que todas las personalidades agresivas, busca posiciones de poder y dominio sobre los demás. Pero estos individuos sienten especial placer y satisfacción viendo a otros retorcerse y arrastrarse en situaciones de vulnerabilidad. Los otros tipos de personalidad perciben infligir dolor o provocar lesiones a alguien que se interponga entre ellos y algo que quieren como eventualidades de la lucha. *La mayoría de las personalidades agresivas no pretenden hacer daño, sino ganar.* A su modo de ver, si alguien tiene que resultar herido para que ellos se salgan con la suya, entonces que así sea. El sádico, en cambio, *disfruta* haciendo a la gente arrastrarse y sufrir. Al igual que las otras personalidades agresivas, los sádicos quieren dominar y controlar, pero sobre todo les gusta hacerlo humillando y denigrando a sus víctimas.

La **personalidad con agresividad predatoria** es la más peligrosa de las personalidades agresivas (también llamado por algunos "psicópata" o "sociópata"). Probablemente no haya ningún experto más entendido en este tema que Robert Hare, cuyo libro *Without Conscience* [*Sin conciencia*] es, aunque escalofriante, un muy accesible y valioso manual básico en esta materia. Afortunadamente, los psicópatas son relativamente poco comunes como grupo. Sin embargo, a lo largo de mi carrera he conocido y tratado con un buen número de ellos. Estos personajes son radicalmente diferentes a las demás personas. Su falta de conciencia es desconcertante. Tienden a verse a sí mismos como seres superiores para quienes el hombre común, al ser inferior, es una *presa que les pertenece por derecho*. Estos son los *manipuladores más extremos* o estafadores que prosperan a base de explotar y maltratar a los demás. Pueden ser cautivadores y encantadores. Como expertos depredadores, estudian con atención las vulnerabilidades de sus presas y son capaces de cometer los actos de victimización más atroces sin ningún sentido de remordimiento ni arrepentimiento. Por suerte, la mayoría de los manipuladores no son psicópatas.

Las diferentes personalidades agresivas tienen ciertas características en común. Todas tienen una propensión excesiva a buscar una posición de poder y dominio sobre los otros. Todas son relativamente indiferentes a las amenazas de castigo o a los remordimientos de conciencia. También tienden a ver las cosas y a pensar de una forma que distorsiona la realidad de las circunstancias, les impide aceptar y asumir la responsabilidad de su propio comportamiento, y "justifica" su actitud agresiva manifiesta. Sus patrones cognitivos distorsionados y erróneos han sido objeto de muchas investigaciones recientes.[18] Al tener tantos puntos en común los diferentes tipos de personalidad agresiva, no es extraño encontrar en un subtipo las características de otro. Así, las personalidades predominantemente antisociales pueden tener algunos rasgos sádicos y agresivos encubiertos, y las personalidades agresivas encubiertas pueden tener algunas tendencias antisociales, etc.

Como se mencionó anteriormente, todas las personalidades agresivas tienen muchas características en común con las personalidades narcisistas. Ambas manifiestan un ego inflado y actitudes de legitimación. Ambas son abusivas en sus relaciones interpersonales. Ambas son personalidades emocionalmente independientes, es decir, dependen de sí mismas para conseguir lo que necesitan. Millon describe a los narcisistas como personalidades pasivo-independientes[19] porque piensan tanto en sí mismas que creen que no necesitan a nadie más para salir adelante en la vida. No tienen por qué hacer nada para demostrar su competencia y superioridad; ya están convencidos de ello. Y mientras que los narcisistas son tan egocéntricos que podrían ignorar pasivamente los derechos y las necesidades de los demás, las personalidades agresivas, por el contrario, se involucran activamente en comportamientos concebidos para asegurar y mantener su independencia y deliberadamente pisotean los derechos de otras personas para lograr sus objetivos y mantener una posición de dominio sobre ellas.

La personalidad con agresividad encubierta

Como subtipo de personalidad agresiva, cabría esperar que las personas con agresividad encubierta compartieran algunas de las características de los narcisistas y de las otras personalidades agresivas. Sin embargo, las personalidades agresivas encubiertas tienen características singulares que las distinguen como un tipo bien definido de personalidad agresiva. Estas personalidades se diferencian de los demás tipos de personalidad agresiva principalmente por su manera de pelear. Pelean por lo que quieren y aspiran a ejercer poder sobre otros de maneras útil, astuta y turbia. En términos generales, son personas con un mayor grado de trastorno del carácter que de neurosis. En tanto que neuróticos, se engañan a sí mismos sobre su verdadero carácter y sobre su propia agresividad encubierta. Por otro lado, en tanto que trastorno del carácter, sus intentos de engañar se centran de manera activa en sus pretendidas víctimas.

A las personas con agresividad encubierta les desagrada dar la impresión de que tienen una actitud agresiva manifiesta, lo que les resulta muy conveniente pues les ayuda a guardar las apariencias. Los manipuladores saben que si agreden de forma abierta, encontrarán resistencia. Como han aprendido que una de las mejores maneras de "vencer" un obstáculo es "evitándolo", son expertos en luchar sin escrúpulos, pero subrepticiamente.

Algunos teóricos de la personalidad han propuesto que la característica principal de la personalidad agresiva encubierta o manipuladora es que experimenta una sensación de regocijo engañando a sus víctimas.[20] Pero creo que sus intenciones prioritarias son las mismas que las de las demás personalidades agresivas. Lo que quiere es ganar y sabe que las formas encubiertas de luchar son la táctica más efectiva para lograr sus objetivos. He descubierto que sus principales características son:

1. La personalidad agresiva encubierta siempre quiere salirse con la suya o "ganar." Para esta, al igual que para todas las personalidades agresivas, cada situación de la vida es un reto a enfrentar, una batalla a ganar.

2. La personalidad agresiva encubierta aspira a ejercer poder y dominio sobre los demás. Siempre quiere ponerse por encima y tener el control. Utiliza todo un arsenal de tácticas de poder sutiles pero eficaces para su propio provecho en sus relaciones interpersonales. Algunas de las estrategias que emplea le proporciona mayores probabilidades de que los otros se pongan a la defensiva, se replieguen o se den por vencidos, al tiempo que oculta sus intenciones agresivas.

3. La personalidad agresiva encubierta sabe parecer amable, atractiva y seductora. Sabe cómo "causar una buena impresión" y cómo ponerte de su lado "desarmando" tus defensas. Sabe qué decir y qué hacer para hacer que ignores toda sospecha que te dicte la intuición y le des lo que quiere.

4. La personalidad agresiva encubierta puede ser también un contrincante implacable, traicionero y sin escrúpulos. Sabe cómo aprovecharse de las flaquezas y se aferrará más a sus maniobras de agresión si se percata de que flaqueas.

Sabe cómo tomarte desprevenido. Y si piensa que le has contrariado y le has ganado, te dará tu merecido. Para esta, la suya es una batalla sin fin hasta considerarla ganada.

5. La personalidad agresiva encubierta presenta un singular deterioro de la conciencia. Como cualquier otra personalidad agresiva, carece de "frenos" internos. Sabe diferenciar el bien del mal, pero no permite que tal comprensión se interponga a la hora de conseguir lo que quiere. Según esta, los fines *siempre* justifican los medios, así es que se engaña a sí misma y a los demás con respecto a lo que realmente hace.

6. La personalidad agresiva encubierta es abusiva y explotadora en sus relaciones interpersonales. Ve a las personas como si fueran peones en el juego (la contienda) de la vida. Odia la debilidad y se aprovecha de las flaquezas que encuentra en sus "adversarios."

Al igual que sucede con cualquiera de los otros tipos de personalidad, la personalidad agresiva encubierta difiere en su grado de psicopatología. La conducta de la personalidad agresiva encubierta presenta una alteración más severa que dista mucho de ser un mero estilo interpersonal de manipulación. Las personas más profundamente afectadas por su agresividad encubierta consiguen enmascarar un considerable nivel de crueldad y de ansia de poder bajo una apariencia cordial o incluso cautivadora. Algunas pueden ser incluso psicopáticas. Jim Jones y David Koresh son un buen ejemplo. Pero aunque la personalidad agresiva encubierta puede ser mucho más que un simple manipulador, quienes tienen el hábito de manipular son casi siempre personalidades agresivas encubiertas.

Distinción entre personalidades agresivas encubiertas y pasivo-agresivas y otros tipos de personalidad

Así como la agresividad pasiva y encubierta son comportamientos muy diferentes, de igual modo las personalidades pasivo-agresiva y agresiva encubierta difieren mucho una de otra. Millon describe la personalidad pasivo-agresiva o "negativista" como aquella que es activamente ambivalente entre adoptar un estilo de afrontamiento básicamente independiente o dependiente.[21] Estos individuos quieren asumir las riendas de su propia vida, pero no tienen la capacidad de hacerlo eficazmente. Su ambivalencia entre valerse por sí mismos y apoyarse en los demás les pone en un aprieto a ellos y a las personas con las que se relacionan. Ansían y piden apoyo, atención y cuidados a los demás, pero como también les molesta encontrarse en posición de dependencia y sumisión, intentan a menudo reforzar su sentido de poder personal resistiéndose a cooperar con las mismas personas a las que piden apoyo. Aunque vacilan para tomar una decisión, se quejarán si eres tú quien decide. Cuando tú tomas decisiones, titubearán antes de darte la razón. Al discutir contigo, se hartarán y querrán "tomarse los vientos". Pero como en el fondo sienten que podrían perder todo nuestro apoyo emocional si realmente lo hicieran, se quedarán ahí, con un humor de perros, hasta que les roguemos que nos digan lo que les pasa. La vida con las personalidades pasivo-agresivas puede ser muy difícil porque a menudo parece que no hay manera de complacerlas. Aunque con frecuencia no distingue la agresividad pasiva de la encubierta, Scott Wetzler describe muy bien la personalidad pasivo-agresiva y cómo es la vida con tales individuos en su libro *Living with the Passive-Aggressive Man* [*Vivir con el hombre pasivo-agresivo*].[22]

Los pacientes pasivo-agresivos en terapia son todo un tema. "Lloriquean" y se quejan de la falta de apoyo del terapeuta. Pero en cuanto el terapeuta intenta ofrecerles alguna opción, empiezan a "hacer reparos" respondiendo a sus sugerencias con frases del tipo "sí..., pero" y otras formas de resistencia pasiva. La mayoría de los terapeutas distinguen estas personalidades activamente "ambivalentes", caracterizadas por una hipersensibilidad a la vergüenza de los manipuladores más astutos y calculadores a los que denomino agresivos encubiertos. Sin embargo, al no estar familiarizados con el término más preciso, y en su empeño por recalcar la agresividad sutil que manifiestan los manipuladores, los terapeutas muchas veces se equivocan al etiquetar a los manipuladores como personas "pasivo-agresivas". Las personalidades agresivas encubiertas no son iguales a las personalidades obsesivo-compulsivas. Todos conocemos personas perfeccionistas, meticulosas y sumamente organizadas. Estas son cualidades que valoramos mucho cuando se trata de revisar nuestras declaraciones de impuestos o hacernos una cirugía de cerebro. Sí, *algunas* personas compulsivas pueden ser enérgicas, autoritarias, dominantes y controladoras, pero eso es debido a que este tipo de personas tienen también agresividad encubierta. Una persona puede usar su compromiso con los principios y las normas como medio para ejercer poder y dominio sobre otras. Las personas obsesivo-compulsivas que tienen además agresividad encubierta son el tipo de personas que intentan imponer sus propios criterios a todos los demás por la fuerza.

La personalidad agresiva encubierta no es idéntica a la personalidad narcisista, aunque casi siempre tiene características narcisistas. Las personas que se sobreestiman no intentan necesariamente manipular a los demás. El narcisista puede ignorar pasivamente las necesidades de los demás de tan centrado en sí mismo que está. Por otro lado, algunas personas egocéntricas ignoran por completo las necesidades de los demás y los victimizan y abusan de ellos intencionadamente. Al reconocer esto, algunos escritores han diferenciado al narcisista benigno del maligno. Pero creo que la diferencia entre el tipo de persona que es demasiado egocéntrica como para no prestar atención a los derechos y necesidades del prójimo y el tipo de persona que habitualmente explota y victimiza a los demás es que esta última, además de ser narcisista, es marcadamente agresiva. Por tanto, el egoísta que explota y manipula astutamente al otro no solo es narcisista, sino que además presenta una personalidad agresiva encubierta.

La mayoría de las personalidades agresivas encubiertas no son antisociales. Debido a que no tienen en cuenta los derechos y las necesidades de los demás, tienen conciencias muy deterioradas, luchan activamente por obtener ventaja sobre los demás e intentan arreglárselas para hacer casi cualquier cosa que no sea cometer un crimen fragrante o una agresión patente, es tentador etiquetarlas como antisociales. De hecho, algunos individuos antisociales usan la manipulación como parte de su modus operandi general. Sin embargo, los manipuladores no violan las principales normas sociales, no viven como delincuentes ni agreden violentamente a otros, aunque sean capaces de todo ello. Se ha intentado en varias ocasiones describir con exactitud el estilo controlador, turbio y calculador de los manipuladores. Se les ha llamado todo tipo de cosas, desde sociopáticos hasta narcisistas perversos, e incluso, como propone Scott Peck, "malvados."[23] Muchos, al percibir el sutil carácter agresivo de su comportamiento, les etiquetan como pasivo-agresivos, pero ninguna de estas etiquetas define con precisión las características esenciales de las personalidades manipuladoras. Es importante reconocer que, en la mayoría de los casos, la manipulación implica agresividad encubierta y los manipuladores habituales son personalidades agresivas encubiertas.

También es importante recordar que una persona manipuladora puede tener otras características de personalidad además de sus tendencias agresivas encubiertas. Por tanto, además de ser manipuladores, pueden tener tendencias narcisistas, obsesivo-compulsivas, antisociales y otras. Pero como me dijo un amigo mío en cierta ocasión, "Podrá tener orejas cortas o tener orejas largas; podrá tener mucho pelo o nada de pelo; podrá ser marrón o gris; pero si es grande, tiene colmillos y trompa, siempre será un elefante." Si la persona con la que tratas muestra las características fundamentales descritas previamente, esa persona es agresiva encubierta, con independencia de qué otros rasgos de personalidad pueda tener.

Al ser la personalidad predatoria o psicopática tan experta en manipular, algunos suelen considerar la personalidad agresiva encubierta como una variante más leve de la personalidad psicopática. Este punto de vista tiene su lógica. Los psicópatas son los más manipuladores, tramposos y peligrosos de todas las personalidades agresivas. Sin embargo, afortunadamente son también las menos comunes. Las personalidades manipuladoras descritas en este libro son mucho más comunes y, aunque pueden causar estragos en las vidas de sus víctimas, no son tan peligrosas como los psicópatas.

Cómo se convierte alguien en personalidad agresiva encubierta

La manera en que las personalidades agresivas llegan a ser como son varía de unas a otras. He visto personas cuyo pasado estuvo tan repleto de abuso y negligencia que tuvieron que volverse "luchadoras" fieras, solo para sobrevivir. También he conocido a numerosas personas que parecía que habían luchado demasiado toda su vida a pesar de haber crecido en los entornos más educativos y acogedores. Parece que estas personas "se rebelaron" contra el proceso de socialización desde temprana edad y su combatividad excesiva parece haber tenido una profunda influencia en cada etapa del desarrollo de su carácter. Pero independientemente de si la naturaleza o la educación es el factor de mayor influencia, durante su desarrollo infantil la mayoría de las personalidades agresivas encubiertas parecen, por alguna razón, haber aprendido demasiado bien algunas lecciones fundamentales sobre el control de su agresividad y haber dejado de aprender otras. A juzgar por las historias que conozco, las personalidades agresivas encubiertas presentan, por lo general, las siguientes carencias de aprendizaje:

1. Nunca aprendieron cuándo luchar es realmente justo y necesario. Para ellos, la vida diaria es una lucha y todo lo que se interponga entre ellos y su objeto de deseo es su "enemigo." Como personas obsesionadas con "ganar," están demasiado decididas y dispuestas a pelear.

2. Nunca se dieron la oportunidad de aprender que "ganar" suele caracterizarse por la voluntad de ceder, reconocer la derrota o rendirse a corto plazo. No supieron reconocer los momentos en que es mejor condescender. Su absoluta aversión a la sumisión les impide hacer las pequeñas concesiones en la vida que suelen llevar, a la larga, a la "victoria".

3. Nunca aprendieron cómo luchar constructivamente o limpiamente. Puede que aprendieran a desconfiar de su capacidad para ganar una pelea justa, o tal vez nunca quisieron correr el riesgo de perder. A veces, es sencillamente porque han descubierto la eficacia de la lucha encubierta. Sea como sea, de alguna forma aprendieron demasiado bien cómo "ganar" (al menos, a corto plazo) disputando de forma poco limpia y encubierta.

4. Debido a que detestan la sumisión, nunca se molestaron en descubrir las ventajas positivas que podría tener el admitir la derrota. Creo que esta dinámica es la esencia de la incapacidad aparente de todas las personalidades agresivas (y con trastorno del carácter) de aprender lo que queremos que aprendan de las experiencias pasadas. El verdadero aprendizaje (es decir, la internalización) de las lecciones de la vida conlleva siempre someterse a una autoridad superior, a un poder o a un principio moral. El motivo por el que las personalidades agresivas no cambian es porque no se someten.

5. Nunca aprendieron a superar su egoísmo y egocentrismo infantil. No llegaron a darse cuenta de que desear algo no les da necesariamente derecho a tratar de conseguirlo. Para ellos, el mundo entero es su ostra. Su habilidad para salirse con la suya a base de manipular a los demás les hace creerse invencibles, y esto hace que exageren la imagen desmesuradamente buena que tienen de sí mismos.

6. Nunca aprendieron el respeto genuino o empatía hacia las vulnerabilidades de los demás. Para ellos, la debilidad de los demás es sencillamente su ventaja. Al no sentir más que desdén por la debilidad, sobre todo por la debilidad emocional, aprendieron demasiado bien cómo encontrar y usar los "resortes" emocionales de sus víctimas.

Terreno fértil para la agresividad encubierta

Algunas profesiones, instituciones sociales y ámbitos de trabajo ofrecen grandes oportunidades a las personalidades agresivas encubiertas de explotar a otros. La política, las fuerzas de orden público y la religión son excelentes ejemplos. No estoy insinuando que todos los políticos, profesionales del orden público o líderes religiosos sean personalidades manipuladoras. Pero como oportunistas encubiertos, ávidos de poder y dominio que son, los manipuladores no pueden evitar sentirse atraídos a estas áreas de actividad y, con el pretexto de "servir" que implican, aprovecharse de las excelentes oportunidades que les brindan de beneficiarse y ejercer gran poder. Los telepredicadores, líderes espirituales, extremistas políticos, los mercachifles de los "éxitos" televisivos nocturnos y activistas sociales militantes que han salido a la luz últimamente en los titulares no son diferentes en su modus operandi a las personas con agresividad encubierta con que nos encontramos en la vida diaria. Son solo casos más extremos. Cuanto más astuta y habilidosa sea una persona con agresividad encubierta para usar las tácticas de manipulación, más fácil le será ascender a una posición de considerable dominio e influencia.

Entender y tratar con las personas manipuladoras

Es fácil caer víctima de las estratagemas de la persona con agresividad encubierta. Toda persona que desee evitar convertirse en víctima tendrá que:

1. Conocer a fondo la manera de ser de estos lobos con piel de cordero. Saber lo que quieren realmente y conocer su modo de actuar. Conocerlos personalmente para aprender a identificarlos cuando te encuentres con alguno. Los relatos que presentaremos en los siguientes capítulos están escritos de tal manera que es de esperar que facilite al lector "tener una imagen más certera" del tipo de personalidad agresiva encubierta.

2. Familiarizarse con las tácticas favoritas que utilizan las personas con agresividad encubierta para manipular y controlar a los demás. Necesitamos saber no solo cómo son las personas con agresividad encubierta, sino también qué tipos de comportamientos debemos esperar de ellas. En general, podemos suponer que harán lo que sea para "ganar," pero conocer bien sus "tácticas" más habituales y reconocer cuándo las están utilizando es de gran ayuda para evitar convertirse en víctima.

3. Ser consciente de los miedos e inseguridades que poseemos la mayoría de nosotros y que acrecientan nuestra vulnerabilidad a los subterfugios de las personas con agresividad encubierta. Conocer tus propias flaquezas puede ser tu mayor ventaja para hacer frente a los manipuladores.

4. Saber qué cambios puedes hacer en tu conducta para ser menos vulnerable a la victimización y la explotación. Utilizando las técnicas que se exponen en el capítulo 10, podrás modificar radicalmente la naturaleza de tus

interacciones con los demás y estarás más capacitado para lidiar más efectivamente con aquellos que, de otro modo, podrían manipularte o controlarte.

Las historias de los siguientes capítulos están concebidas para ayudarte a conocer a fondo la manera de ser de las personas manipuladoras. En cada capítulo se destaca uno de los rasgos distintivos de las personalidades agresivas encubiertas. En cada historia, trataré de resaltar los planes encubiertos de los manipuladores, las tácticas de poder que emplean y las flaquezas que explotan de sus víctimas.

capítulo 2

LA DETERMINACIÓN DE GANAR

La característica principal de las personalidades agresivas encubiertas es que se enfocan en ganar por encima de todo. Resueltos, astutos y en ocasiones despiadados, emplean diversas tácticas de manipulación, no solo para conseguir lo que quieren, sino también para ocultar ante sí mismos y ante los demás su verdadera forma de ser.

La historia de Joe and Mary Blake te dará una idea de cuánto dolor puede padecer toda una familia en la que una persona, bajo el disfraz de cuidado y preocupación, está demasiado empeñada en salirse con la suya.

El padre que quería las mejores notas

Lisa Blake volvió a tener pesadillas. Cada vez se mostraba más irritable y de vez en cuando reacia. Su rendimiento escolar estaba empeorando. Sus padres, Joe y Mary, sabían que ese comportamiento era relativamente frecuente en la preadolescencia. Pero no era lo habitual en Lisa. Lisa era su única hija y estaban bastante preocupados.

Joe había dedicado buena parte de su tiempo y de su energía a tratar de saber qué hacer con Lisa. Mary había sugerido repetidas veces que podría estar sufriendo una fuerte presión.

Pero él estaba seguro de que el problema no acababa ahí y él había hecho todo lo posible para que Mary comprendiera su punto de vista. Insistió en lo mucho que se preocupaba por el bienestar de su hija. No paraba de decir que creía que cualquier buen padre no escatimaría esfuerzos hasta encontrar una solución.

Joe ya había hecho tanto en su esfuerzo por ayudar a Lisa. Cuando trajo a casa sus primeras calificaciones más bajas hacía algunos meses, expresó su preocupación al personal docente por la posibilidad de que Lisa tuviera problemas de aprendizaje. Pero los profesores se opusieron a la idea de volver a evaluar a Lisa. Le dijeron que por ahora iba bien. Joe les dijo que le preocupaba demasiado el bienestar de su hija como para no descartar esa posibilidad. Durante algún tiempo, sospechó que al profesor de la sala de recursos no le apetecía tener otro alumno en su aula de educación especial. Mary expresó sus dudas acerca de la conveniencia de un traslado, pero Joe le hizo entender que no tenían más remedio que sacar a Lisa de una escuela en la que, por lo visto, los docentes eran tan poco dedicados, y matricularla en una escuela privada donde contaran la preocupación y el involucramiento de los padres.

Después de figurar en el cuadro de honor durante el primer semestre en la nueva escuela, las notas de Lisa empezaron a bajar de nuevo. Además, empezó a desobedecer por pequeñas cosas, y especialmente con Joe, quien sabía que había que hacer algo. Planificó una evaluación académica y psicológica completa en una clínica acreditada. Se quedó un poco sorprendido de que las personas con las que habló allí quisieran entrevistar a toda la familia, además de evaluar a Lisa. Pero, como ya lo había dicho muchas veces, estaba preparado para hacer lo que fuera para ayudar a su hija.

Mary se sintió más reconfortada por los comentarios de la consejera. También se sintió alentada por los comentarios de Lisa de camino a casa. "La señora de ahí me dijo que puedo ir a verla cuando quiera para hablar con ella" –dijo Lisa, "Creo que me gustaría." A Joe, por su parte, lo sacaron de quicio algunas cosas que había dicho la psicóloga. "¡Imagínate!" –exclamó mientras defendía su propuesta ante Mary de que la psicóloga estaba equivocada y él tenía razón, "¡Trató de convencerme de que *mi* Lisa tiene una inteligencia *media*! ¡Pero si en todo sacaba Sobresaliente y siempre estuvo en el cuadro de honor!" "¡Como si eso fuera una inteligencia *media*!" Joe también reflexionó sobre lo que había dado a entender la psicóloga en el sentido de que Lisa estaba esforzándose demasiado y que las pesadillas que había tenido indicaban que albergaba resentimientos hacia sus padres, especialmente su padre, por esperar demasiado de ella. Finalmente, convenció a Mary de que aquellos tipos de la clínica obsesionados por la psicología probablemente tenían "buena intención," pero que no conocían a su hija —al menos, no como la conocía él.

Al día siguiente, Joe les anunció la sorpresa sonriendo de oreja a oreja: había encontrado la solución al problema de Lisa. Les dijo que había comprado una nueva computadora y varios programas tutoriales de primera categoría. Ahora él y Lisa podrían pasar un par de horas juntos cada día realizando ejercicios que la harían "centrarse de nuevo." Podría pagar el costo con el dinero que ahorraría al no tener que enviar más a Lisa a la clínica. Si estuviera enfadada con él por algún motivo, como sugerían los psicólogos, trabajando tan estrechamente todos los días se resolvería el problema. Lo mejor de todo era que sabía que podría recuperar a la pequeña que siempre había sido. Después de todo, se dijo a sí mismo, nadie podría ocuparse de su hija como su padre.

Cuando una persona no se detiene ante nada
Joe había dicho a Mary en repetidas ocasiones que quería

solo lo mejor para su hija. Mentía. No solo le mintió a Mary sino también a sí mismo. Tal vez se convenció a sí mismo, y ciertamente hizo lo que pudo para convencer a los demás, de que buscaba con fervor lo mejor para su hija. No obstante, lo cierto es que solo quería que Lisa trajera sobresalientes a casa.

Conozco a Joe. Se empeña en tener lo que quiere y cree que siempre tiene razón —que su forma de actuar es la correcta— y la única posible. Esta actitud le ha llevado lejos en el mundo de los negocios. Algunas personas lo tachan de perfeccionista. Otras dicen que es exigente, obsesivo y controlador. Pero estas etiquetas no son suficientes para definir el lado enfermizo de su personalidad. En resumidas cuentas, Joe siempre quiere las cosas a su manera y no sabe dónde está el límite, cuándo ceder, cuándo retroceder. Es el tipo de hombre que no se detiene ante nada para conseguir lo que quiere. Eso es bueno a veces. Ser un "ganador" en la vida, un poco de determinación es necesaria. Pero cuando Joe agrede en el momento y el lugar equivocados, y sobre todo *cuando pretende dar la impresión de que no está agrediendo en absoluto*, su comportamiento puede ser extremadamente destructivo.

Joe es, además, vanidoso. Ve a su familia como un reflejo de sí mismo. A su modo de ver, Lisa tiene el deber de presentar una imagen favorable a los demás para darles una buena impresión de él. Joe está demasiado concentrado en sí mismo y en la imagen que da a los demás. Aunque hace alarde de lo contrario, es insensible a los deseos y necesidades de los demás. Es tan egocéntrico que no es capaz de sentir la suficiente empatía por su hija. Pero la vanidad de Joe no es la causa directa del sufrimiento de Lisa y Mary. Imponer su verdad a los demás por la fuerza, siempre bajo el disfraz de cuidado y preocupación (su agresión encubierta), es la principal causa de problemas. Este caso ilustra cómo algunos individuos, a pesar de la imagen superficial que dan, pueden ejercer una tiranía emocional en sus hogares. Está basado en un caso clínico real. Te resultará interesante saber que las pesadillas de Lisa tenían un tema común. Sus sueños eran principalmente sobre alguien que quería hacer daño a su padre. Un análisis clásico nos sugeriría que Lisa probablemente tuviera deseos inconscientes de herir o incluso matar a su padre. Lisa sentía intuitivamente la crueldad de Joe, pero ella no era el tipo de persona que reacciona con violencia, por lo que solo se sentía a salvo para expresar sus sentimientos en sus sueños.

Cómo manipula Joe a Mary

Ahora surge la duda de cómo Mary parece ser manipulada para ver las cosas a la manera de Joe, cuando en el fondo piensa que su marido no está siendo razonable. Por lo tanto, hay algunos otros hechos relacionados con este caso que será preciso considerar. Lo cierto es que Joe es un experto en usar tácticas muy eficaces para vencer cualquier resistencia.

Joe sabe que Mary es muy concienzuda y sabe también que si ella piensa por un momento que no está cumpliendo alguna de sus obligaciones o que deja que desear con respecto a sus responsabilidades como esposa y madre, se parará en seco, así es que cuando lo enfrenta, solo tiene que hacerle creer que desafiarlo implicaría despreocuparse del bienestar de su hija. Si él consigue aparentar que es el único que realmente se preocupa, Mary podrá llegar a creer que es ella la despiadada.

En la viñeta anterior, Joe utilizaba tácticas muy eficaces (que se examinarán con más detalle en el capítulo 9) para convencerse a sí mismo de que lo que hacía estaba justificado y para convencer a Mary de que cometería un error si le opusiera resistencia. Él *justificó* sus motivaciones egocéntricas consigo mismo y con su familia. Sus justificaciones apoyaban la idea de que nadie como él tenía tal grado de interés por su hija. Recordó todas las veces en que los profesores de la antigua escuela de Lisa "se habían equivocado" o "habían ignorado los problemas, y cómo sus justificaciones a Mary le habían parecido lo suficientemente razonables como para convencerse de que si no le seguía la corriente, eso significaría que a ella no le importaba tanto Lisa como a él. Las justificaciones de Joe ocultaban sus verdaderas intenciones. Lo que él quería era una hija supertriunfadora que sirviera como un reflejo positivo de él y que alimentara aún más su ya abultado ego. No era el bienestar de su hija lo que le preocupaba; lo que quería satisfacer era su ansia de engrandecimiento personal.

Joe *negaba* sistemáticamente la responsabilidad que podía haber tenido en las dificultades de su hija y *proyectaba la culpa* en los demás. Si por un instante se hubiera permitido considerarse culpable, quizás lo hubiera pensado mejor. Su negativa no es solo su modo de proteger o "defender" su propia imagen, como postulan las teorías clásicas de la psicología; es el mecanismo mediante el cual se concede a sí mismo permiso para seguir haciendo lo que, de otro modo, no podría hacer. Es sumamente importante reconocer esto. Con su negativa, Joe no pretende proteger ni defender nada, sino *luchar* por vencer todos los obstáculos para obtener lo que desea y resistirse a cualquier sometimiento a la voluntad de los demás.

Joe sabe también cómo ejercer control sobre Lisa. Le envía mensajes sutiles y constantes (aunque no verbales) de que si hace lo que él espera que haga, estarán unidos y será su "niñita". Pero si lo rechaza, intenta defenderse o no está a la altura de sus expectativas, le hace saber encubiertamente que se arrepentirá.

Recuerdo lo sutil pero eficaz que era Joe con sus *amenazas implícitas (encubiertas)* para castigar a cualquiera que no le diera la razón. A veces, tan solo su forma de mirar podía ser muy intimidante. Incluso el viaje a la clínica para la "evaluación" y el querer "cortar de raíz esta rebeldía intencionada" fue utilizado como un castigo cuidadosamente encubierto, aunque anunciado.

Como experimentado agente de poder, Joe está muy pendiente de todo lo que pueda alterar el equilibrio de poder en el seno de su familia. Cuando el equipo de profesionales de la clínica logró que Lisa aceptara la idea de hacer una terapia y ella lo vio como una oportunidad de desahogar sus emociones, no como un castigo, Joe le arrebató rápidamente esa oportunidad. Nos informó amablemente al equipo de tratamiento que se había solucionado todo y que nuestros servicios ya no eran necesarios. Sabía que podría verse comprometido el equilibrio de poder. Hizo lo que tenía que hacer para mantener el poder, el control y su posición de dominio.

El caso de Lisa fue un fracaso terapéutico esclarecedor del que aprendí que, si has de ayudar a algún miembro de la familia de un manipulador a ganar, lo que no puedes hacer es hacer sentir al manipulador que debe perder. La importancia de crear situaciones en las que todos salgan ganando se examinará con más detalle en el capítulo 10.

capítulo 3

LA BÚSQUEDA DESENFRENADA DE PODER

No hay nada más importante para las personalidades agresivas que alcanzar el poder y tener dominio sobre otros. En el sector inmobiliario, existe un viejo proverbio que dice que tres cosas son importantes: lugar, lugar y lugar. Para las personalidades agresivas, solo hay tres cosas que importan: posición, posición y posición. Ahora bien, todos queremos tener una cierta sensación de poder en nuestra vida y eso no es malsano. Pero la manera ambiciosa de perseguir el poder, la forma de actuar para preservarlo y cómo lo utilicemos dice mucho de la clase de persona que somos. Las personas con agresividad encubierta son despiadadamente ambiciosas, pero se cuidan muy bien de no ser percibidas como tales. El relato siguiente es sobre un sacerdote que se miente a sí mismo y a su familia sobre lo que realmente lo domina.

El pastor con una misión

James estaba un poco indeciso el día en que él, Jean y los niños abandonaron su acogedora cabaña junto a la histórica iglesia rural. Ya les había dicho a los niños que la mudanza a la ciudad sería muy estimulante y les abriría todo un abanico de oportunidades. Tendrían mucho más que hacer y no se quejarían tanto de que nunca parecía encontrar tiempo para ir de camping o hacer *rafting* con ellos. Él reprimió la inquietud que Jean compartía con él por la tensión añadida que podría suponer para su relación tener que servir a una congregación más grande. Él fue muy convincente al explicarle que a ella siempre le había costado aceptar que la obra del Señor es lo primero. Jean reconoció su "egoísmo" y renovó su promesa de que James tendría su apoyo.

Hacía semanas que la pequeña congregación se había convertido en un hervidero de rumores por la noticia de la mudanza. Se rumoreaba que la congregación de la capital siempre había sido un buen trampolín para acceder en el futuro al prestigioso Consejo de ancianos de la iglesia. James respondió a las preguntas con su acostumbrada humildad: "No sé lo que el Señor me tiene reservado..., sólo voy donde Él me guía."

El sacerdote de la congregación de la capital se quedó impresionado por la aparente dedicación y el fervor de James. Le recordó varias veces que no era necesario responder a todas las peticiones de visita domiciliaria ni hacer acto de presencia cada vez que hubiera una reunión para estudiar la Biblia, pero James le dijo que servir al Señor le resultaba "estimulante" y que cuidaba de su rebaño con gran vigor.

La muchedumbre que se reunía para las celebraciones dominicales era cada vez más densa con cada ferviente sermón que se daba. James parecía ruborizarse por las frecuentes alabanzas de los feligreses que ensalzaban su dedicación. Él les respondía que le producía inmensa alegría y satisfacción atender las necesidades de los demás. Les dijo a todos lo feliz que estaba de ser un humilde siervo del Señor.

Todos parecían querer y venerar a James, y por eso a Jean le resultaba tan difícil volver a hablar con él. Se sentía todavía en cierto modo culpable y, tal como James le había sugerido en más de una ocasión, un poco egoísta. Pero se estaba empezando a cansar de las noches solitarias.

Quería tiempo para aclarar las cosas y contar con él para ayudar a los niños con el proceso de adaptación a su nueva escuela y al nuevo barrio. Hasta llegó a pedirle que retomara el puesto vacante en su antigua misión en la zona rural. James se mostró decidido a quedarse. En un momento de impulsividad, Jean amenazó con irse, pero para cuando terminaron de discutir sobre el tema, ella se sentía más culpable que nunca. Él tenía razón, pensó, al decir lo insignificantes que son los deseos de las personas comparadas con la voluntad de Dios. "¿Por qué iba a haber surgido esta oportunidad de no ser por la voluntad de Dios?" –le respondió él. Jean se resignó a tan solo seguir intentándolo. Hizo cuanto pudo por ayudar a sus hijos a que también comprendieran.

James estaba un poco desconcertado con lo que había dicho el sacerdote en la conferencia semanal. "Sabes, James, algunas personas ya están diciendo que debes prepararte para entrar en el Consejo de Ancianos y no podría estar más de acuerdo" –añadió. "Me cuesta imaginar por qué alguien puede insinuar que podrías estar teniendo problemas domésticos que interferirían con otras cosas. Si creyera que hubiera algo de cierto en los rumores, yo no te estaría recomendando."

Esa noche Jean no podía creer lo que escuchaba. La niñera ya había quedado en venir. ¡Iban a salir! Durante la cena, James le contó a Jean sus planes de llevar a toda la familia de camping y de pesca el siguiente fin de semana largo. Él ya había concretado los detalles con el sacerdote. "¿Qué demonios se te metió en la cabeza?" –le preguntó Jane. "He empezado a replantearme algunas cosas" –le respondió él. "Y después de todo, sabes que te quiero más que a mi vida."

Los planes encubiertos de James

James tiene una personalidad agresiva encubierta. Emplea la

"tapadera" de servir al Señor y atender las necesidades de los fieles para satisfacer su ambición de prestigio, posición y poder. Tiene graves trastornos de personalidad. Una persona con carácter sano ha aprendido a sopesar el interés propio y los intereses y necesidades de los demás. James no ha aprendido nada de eso. Aunque supuestamente "atiende" las necesidades de todos los fieles, descuida a menudo a su propia familia. Servir a los demás es, en realidad, lo último en su lista de prioridades. Sus verdaderas intenciones ocultas son las de satisfacer su ambición. Prueba de ello fue cómo reaccionó James a la insinuación del sacerdote de que podría estar en juego su cargo en el Consejo de Ancianos si había problemas domésticos. James encontró inmediatamente tiempo para Jean. Y no lo hizo por haber sufrido una milagrosa transformación y pasado a ser ahora el tipo de persona que sería más receptiva a las necesidades de los demás. Su ansia de poder seguía siendo su fin oculto, aunque era consciente de que si no daba la apariencia de una vida privada sana, no conseguiría lo que quería.

Cómo James manipula a Jean

Jean es una de las personas más desinteresadas y generosas que conozco. Quizás sea excesivamente altruista. Su devoción desinteresada es justo lo que necesita James para manipularla y explotarla. Cuando se enfrenta a él para reclamarle que preste más atención a su familia, él emplea sutiles artilugios para hacerla sentir culpable y avergonzada, a fin de convencerla de que está pidiendo demasiado. Jean proviene de una familia disfuncional en la que era moneda corriente la vergüenza y la culpa tóxicas. Así es que es fácil para ella "entrar" cuando alguien pretende hacerla sentirse avergonzada o culpable.

James sabe cómo *jugar el papel de siervo* mejor que la mayoría de las personas con agresividad encubierta que he conocido.

A Jean no le cuadra su sensación visceral en el sentido de que su marido está siendo egoísta y desatento cuando muchos de sus actos manifiestos dan la impresión de que se dedica de manera tan desinteresada a su ministerio. La propia Jean cree profundamente en el cumplimiento desinteresado del deber. Entonces, cuando James se proyecta como siervo y pone a Jean en el papel de egoísta y exigente, Jean lo consiente.

Ahora bien; la verdadera prueba del carácter de James (y también del de cualquier persona) es cómo persigue y usa el poder. James no solo tiene una ambición de poder perjudicial para su familia, sino que abusa del poder que ha adquirido como portavoz del Señor para reprimir la resistencia que opone su esposa. Aunque suele decirse que el poder corrompe, James es la prueba viviente de que el poder en sí mismo no tiene la capacidad de corromper el carácter de una persona. El defecto ya existente en el carácter de James es, más que nada, el que lo lleva a perseguir el poder sin el menor escrúpulo y a abusar de aquél cuando lo tiene. Es el mismo trastorno de carácter que condujo a la desaparición de varios destacados telepredicadores en los últimos años. El poder no corrompió a estas personas. Puede que ayudara a empeorar una mala situación, pero la búsqueda desenfrenada y el uso sin escrúpulos del poder por estos individuos son los rasgos distintivos de sus graves trastornos del carácter. Eran manipuladores hambrientos de poder desde el principio.

En apoyo de mi argumento de que el poder en sí mismo no corrompe, formulo lo que sigue a continuación. Piensa en el increíble grado de poder que tienen los padres sobre sus hijos pequeños. Durante los primeros años de vida, que son cruciales, los padres tienen literalmente poder de vida o muerte sobre sus hijos. Sin embargo, y afortunadamente salvo contadas excepciones, la mayoría de los padres ejercen tal poder con un increíble grado de mesura y prudencia, y ello se debe a que los padres de carácter sano son habitualmente tan conscientes de la inmensa responsabilidad que les ha sido encomendada y la asumen con tan genuino compromiso, que es poco probable que abusen del poder que tienen. Si el mero hecho de tener poder corrompiera de por sí a las personas, ninguno de nuestros niños tendría la más mínima posibilidad de sobrevivir.

Ahora bien, resulta que la verdadera personalidad de James fue saliendo a luz a medida que fue adquiriendo más y más poder. Al poco tiempo, los pequeños roces con algunos miembros influyentes de la congregación se hicieron cada vez más frecuentes, y los encontronazos que tenía James eran siempre por lo mismo: ¡el poder! La mayoría quería hacer las cosas de una manera, y James quería hacerlas de otra. Durante algún tiempo, logró utilizar sus tácticas preferidas de "culpabilización", sutiles maniobras para provocar sentimientos de vergüenza y racionalización como estrategia para salirse con la suya, pero, aun así, siguieron aumentando las luchas por el poder. Con el tiempo, un grupo de miembros de la congregación preocupados por el cariz que iban tomando las cosas, presentaron discretamente una petición de que James fuera trasladado. Y Jean vio finalmente cumplido su deseo. James recuperó su trabajo anterior. Es que a veces, ¡los caminos del Señor son inescrutables!

capítulo 4

LA TENDENCIA A ENGAÑAR
Y SEDUCIR

Tratar con personalidades encubiertas agresivas es como un golpe con efecto retardado, porque muchas veces no sabes lo que te ha pasado hasta que el daño ya está hecho. Si has tenido algún tipo de relación con uno de estos aduladores, sabes lo encantadores y zalameros que pueden ser. Son maestros del engaño y la seducción. Te enseñan lo que quieres ver y te dicen lo que quieres oír. La siguiente historia es un ejemplo de un hombre que sabe bien cómo hechizar y engatusar a cualquiera, al tiempo que mantiene la capacidad de arrancarle el corazón.

La historia de Don y Al

Al le caía bien a todo el mundo. Desde que entró en escena, las ventas fueron creciendo a buen ritmo y las relaciones públicas mejoraron, pero lo mejor fue que se generó un ambiente más positivo que nunca. Al siempre estaba dispuesto a felicitarte y a hacer que te sintieras necesitado. Daba la sensación de que realmente le agradabas y te apreciaba. Querías formar parte de su equipo porque sentías como si él estuviera en el tuyo. Tenía un algo especial —carisma. Sí, todos lo querían.

Al principio, Don no estaba seguro. Tras muchos años en el negocio y trabajando para todo tipo de jefes, se había vuelto un poco insensible. A veces se sentía incómodo con Al, incluso cuando Al le hacía cumplidos o frecuentes muestras de apoyo, pero no era capaz de explicar el porqué de su incomodidad. Además, no podía negar lo mucho que Al había hecho por la empresa ni toda la lealtad que le había inspirado entre los empleados. Tampoco podía negar lo estimulante que era sentirse tan valorado y apoyado como Al le hacía sentir, de tal manera que Don llegó a quererlo igual que todos los demás.

Don no sabía qué pensar del rumor que escuchó un día de que Al estaba planeando traer a una nueva persona. Sabía que estaba envejeciendo y que ya no estaba logrando nuevos récords de ventas, pero Al no le había mencionado nada, salvo sus habituales felicitaciones. De hecho, le acababa de otorgar un certificado de reconocimiento por sus años de excelente servicio. Decidió que lo mejor sería preguntarle a Al si estaba a punto de ser despedido. "Me alegro de que hayas venido a verme, Don. Sinceramente, no me gustaría que pensaras que no hablaría yo mismo contigo si hubiera algo de ti que no me agradara. Así es como yo me manejo. Puedo asegurarte que podrás conservar tu trabajo todo el tiempo que desees". Don se sintió más aliviado, pero también bastante culpable y avergonzado por su suspicacia y desconfianza.

El día en que el nuevo hombre se incorporó al mismo departamento, Don no supo qué pensar. Aunque Jeff admitió que lo había contratado Al y que éste lo había asignado a la misma sección, Don no estaba seguro de cuál sería el papel de Jeff. Lo único que sabía era que ambos trabajarían a comisión, y que si a Jeff le asignaban la mitad de las cuentas de clientes que Don gestionaba en ese momento, tal y como Jeff afirmaba que Al le había prometido, Don se vería en una situación económicamente comprometida por un buen tiempo.

Don estaba enojado con Al, pero lo peor de todo es que estaba enojado por cosas que eran difíciles de precisar con exactitud. No estaba del todo seguro de si era cierto el rumor de que Al y Jeff se conocían desde hacía algún tiempo y que habían estado hablando del trabajo durante algunos meses. Tampoco podía asegurar que hubieran cerrado el trato el mismo día en que Al lo tranquilizó personalmente y le entregó el certificado de reconocimiento. Además, no podía demostrar que Al le hubiera mentido abiertamente. Fue lo que Al no dijo lo que más le dolió. No le dijo que pronto le pediría que compartiera su cartera de clientes con alguien nuevo "por el bien de la empresa y su futuro", según le explicó más tarde. Al tampoco le indicó que esperaba que hiciera, incluso a su edad, su "buena gestión habitual" de captar varias cuentas nuevas para renovar su cartera de clientes. Sin embargo, lo que realmente enojó a Don fueron las palabras de ánimo de Al. "Sigo teniendo plena confianza en tu capacidad y no se me ocurriría dejarte marchar, como te dije anteriormente. Espero que puedas encontrar la manera de quedarte, pero lo entenderé si sientes que debes irte".

Don se enfrentaba a una difícil disyuntiva. Podía quedarse y partir de cero en un momento en que su salud y energía distaban de ser óptimas, o bien jubilarse anticipadamente e intentar salir adelante. Él sabía que no podría subsistir con la mitad de su comisión habitual. Además, cada vez estaba más convencido de que había sido explotado, y llegó a pensar que Al no le había dicho nada para que no renunciara antes de tiempo, echando por tierra el estado de sus cuentas de clientes e incurriendo en la potencial pérdida de algunas de ellas. Eso podría haberle costado dinero a la empresa y haber manchado la imagen de Al como una de las "estrellas ascendentes" de la empresa. Y lo peor de todo para Don era lo solo que se sentía al ver que a muchas personas les seguía gustando Al.

Un sutil embaucador

Todos conocemos a individuos del tipo de Al. Con su

indudable astucia y carisma, seducen a las demás personas haciéndoles creer que les brindan apoyo, y logran así que estas les sean absolutamente fieles. En realidad, el único interés de Al era el de promocionarse. Pero además, Al mentía. Tal vez no mentía abiertamente, pero sí lo hacía con facilidad por omisión y (de forma encubierta). No fue *completamente* honesto cuando Don le preguntó sobre su futuro en la empresa. En realidad, no tenía ninguna intención de despedir a Don, y estaba dispuesto a mantenerlo en su trabajo si fuera necesario, pero procuraría "apretarle las clavijas" para que acabara marchándose por su propia voluntad. Absteniéndose de mentir abiertamente, mantenía una apariencia de integridad; *mintiendo por omisión*, hacía mejor su trabajo sucio.

Don terminará siendo una carga demasiado pesada para su empresa. Al podría haber sido directo con él al respecto, pero no lo fue, sino que *eludió* la cuestión. Y no lo hizo para evitar herir los sentimientos de Don, sino por puro interés propio. El nuevo hombre necesitaría establecerse y Don podía ser de gran ayuda para que él aprendiera cómo solucionar las dificultades específicas de su nuevo cargo. Una reacción negativa por parte de los clientes de Don si se marchara o lo despidieran podría empañar la impecable imagen de Al. Además, si Don renunciaba, aun teniendo la seguridad de no quedarse sin trabajo, Al podría conservar su imagen de buena persona. Este tipo de estratagema astuta es la marca distintiva de una personalidad agresiva encubierta.

"Don" nunca fue mi paciente, pero conozco muy bien la penosa experiencia que le tocó vivir. Casualmente, tiempo después, "se le cayó la máscara" a Al y dejó al descubierto quién era realmente. Ahora está en prisión, cumpliendo condena por un gravísimo delito que cometió. Con lo bien que se las había ingeniado para engañar a todos durante tanto tiempo, se convenció de que podría salirse con la suya. Por fortuna, no fue así. Pero esta historia te dará una idea de su retorcida personalidad, que existía desde mucho antes de que el destino revelara la crueldad que había logrado ocultar durante tanto tiempo.

capítulo 5

EL JUEGO SUCIO

Algunos dicen que en el mundo de los negocios impera la ley de la selva y que hay que trepar hasta la cima con uñas y dientes. Pero hay una gran diferencia entre la competencia justa que promueve la excelencia, y las maquinaciones arteras e intrigantes que tantos estragos causan en el lugar de trabajo. Tener que trabajar con un compañero con agresividad encubierta puede ser una fuente importante de estrés laboral.

La siguiente historia tiene como protagonista a una mujer que nunca pelea abierta o justamente por lo que quiere. Ni su ímpetu ni su ambición ni su ansia de poder y posición suponen problemas en sí mismos. Estos rasgos del carácter, cuando están bien encauzados, son deseables en cualquier persona que esté tratando de avanzar en su empresa y ayudar a sus compañeros de trabajo a alcanzar la excelencia. Lo más inquietante en ella son los métodos maliciosos que utiliza para conseguir lo que quiere.

La mujer más dedicada de la empresa

Para ser una mujer sin formación ni experiencia previa en un puesto ejecutivo, todos coincidían en que Betty era una de las personas clave en la empresa. Siempre que el jefe necesitaba que se llevara a cabo una tarea específica, podía contar con la buena voluntad de Betty para trabajar con ganas y hacer el trabajo. Ella estaba familiarizada con la mayoría de las operaciones dé la empresa, por haber sobrevivido a varios cambios en la administración. Era absolutamente indispensable.

A pesar de su valía en casi todos los departamentos, no todos se sentían cómodos con Betty. Siempre que se discrepaba con ella, se creaba una sensación incómoda. Uno de sus compañeros de trabajo comentó en cierta ocasión que la única vez que había enfrentado a Betty había tenido la misma sensación visceral que cuando el temible *Dóberman pinscher* de su vecino le había gruñido tras la valla mostrándole los dientes. Nadie podía constatar nada en concreto de que Betty hubiera cometido un acto manifiestamente cruel contra alguien. Pero todos sabían, como por instinto, que lo mejor era no enemistarse con ella.

Cuando Jack se incorporó como nuevo asistente ejecutivo, muchos en la empresa albergaron grandes esperanzas de que se produjeran cambios positivos. Betty comunicó al jefe que, aunque otras personas habían fracasado en el desempeño de su función, ella haría todo lo posible por ayudar a Jack a "conocer al dedillo cómo solucionar las dificultades específicas" de su nueva función. Como de costumbre, el jefe le agradeció a Betty su disposición a colaborar y le presentó a Jack, diciéndole que ella podría ser su mejor recurso y aconsejándole que la tratara bien.

Betty parecía muy servicial con Jack y también lo elogiaba a menudo, aunque sabía que muchos de los cambios que él quería hacer no funcionarían. Ella siempre insistía en decirle al jefe que creía que Jack tenía las mejores intenciones, por más que sus ideas fueran "subdesarrolladas". Se empeñaba incluso en decirles a sus compañeros de trabajo que "solo le dieran tiempo a Jack" para se fuera familiarizando y tomando las cosas con más calma, y así no tendrían que preocuparse por algunas de las cosas que él estaba intentando hacer. Les aseguró a todos que entretanto se mantendría alerta, como de costumbre, y se aseguraría de mantener al jefe "informado" en sus visitas habituales.

Betty se llevó cierta sorpresa al ver que a algunos de sus compañeros de trabajo realmente les gustaban parte de los cambios que Jack estaba llevando a cabo. Pero su sorpresa fue aún mayor cuando se produjo un cambio en el tipo de comentarios que le hacía el jefe en las reuniones que ambos tenían todas las semanas. Él ya no le decía, como tantas otras veces "Me alegro de que estés pendiente de todo". Por el contrario, empezó a oírle hacer comentarios tales como: "Al principio no me convencía la idea de Jack, pero ahora empieza a tener sentido" y "Parece que los empleados apoyan el nuevo programa de Jack —tal vez hemos encontrado a la persona adecuada para el trabajo". Sin embargo, tal vez su mayor sorpresa fue descubrir que tenía cada vez menos que hacer.

Jack se estaba granjeando cada vez más el cariño de la gente y Betty lo sabía. Un día, mientras almorzaba con la mujer del jefe, se sorprendió al darse cuenta de la estima personal que su jefe sentía por Jack. Ella también se enteró de algunas cosas acerca de su jefe que desconocía. Descubrió lo excéntrico y estrecho de miras que podía llegar a ser, como la vez que despidió a un chofer al enterarse de que era homosexual.

Betty le contaría más tarde a un amigo lo mucho que sufría al acercarse a su jefe. Después de todo –dijo– ella realmente no quería lastimar a Jack. Ella solo pensó que sería mejor que su jefe estuviera informado y todo iría mejor en la empresa si se supiera toda la verdad sobre Jack. "Solo quiero que sepa que son los planes de corto alcance que él hace lo que desapruebo, señor. ¿Sabe?, personalmente me gusta Jack", insistió. "Ya sé que los demás compañeros hablan de ello, pero a mí me da exactamente igual su orientación sexual". Jack se sentía cada vez más angustiado por la distancia cada vez mayor que había entre él y el jefe. No podía imaginar por qué se había deteriorado tan rápidamente la buena relación que habían tenido hasta ese momento. Como cada vez tenía más dificultad para acercarse a su supervisor, empezó a depender de Betty para que le proporcionara información y apoyara sus planes. Ella le ayudó a ver que el jefe estaba cada vez más disconforme con algunos aspectos de su trabajo, pero prefería evitar el suplicio emocional de tener que despedirlo. Se sintió incluso algo reconfortado por el hecho de que Betty se hubiera tomado la molestia de ofrecerle algunas recomendaciones sobre posibles vacantes en otra empresa.

Todos se quedaron asombrados el día que Jack se marchó. Todos, claro está, salvo Betty. Ella se había convencido, y había tratado de convencer a los demás, de que él no era la persona adecuada para el cargo. Al fin y al cabo, ella llevaba en la empresa el tiempo suficiente como para saber qué era lo mejor para la marcha del negocio. Pero no podía permitirse perder el tiempo preocupándose por Jack ni por nadie que pretendiera sustituirlo. Tenía demasiado trabajo para perder el tiempo en eso.

Juego sucio

Soy muy consciente de los estereotipos que suele usar la gente en el trabajo con respecto a la "arpía" de la oficina. También soy consciente de la doble moral que se suele aplicar a la hora de hacer juicios de valor sobre hombres y mujeres que muestran algún tipo de comportamiento agresivo. Por lo tanto, sé que, al examinar el carácter agresivo de Betty, probablemente me encontraré con un arsenal de actitudes políticamente incorrectas y peligrosas. Pero realmente no creo que la sensación incómoda que probablemente sentiste al leer sobre Betty se deba exclusivamente al hecho de que sea una mujer que está siendo agresiva. Es la *manera* en que Betty se comporta lo que a ti te afecta. Es esa manía repulsiva y deshonesta de salirse con la suya.

Ojos que no ven, amenaza latente

Jack fue víctima de manipulaciones que le obligaron a dejar su empleo debido, sobre todo, a que ignoraba la territorialidad inherente al ambiente competitivo del lugar de trabajo y cómo las personalidades agresivas demarcan su territorio. Aunque a Jack lo habían contratado para ocupar el puesto de asistente ejecutivo (un puesto que nunca se llegó a formalizar ni a cubrir de forma satisfactoria a pesar de varios intentos), ya había alguien que desempeñaba esa función. En cuanto Jack intentó hacer el trabajo para el que había sido contratado, invadió el terreno del que Betty se había apropiado. Fue por eso que Betty se dedicó desde el principio a buscarle los puntos débiles para ver por dónde atacarlo.

Al no reconocer el tipo de personalidad que tenía Betty, Jack no pudo prever las maniobras que ella sería capaz de maquinar para aferrarse al poder. Él creyó que eran sinceros todos sus supuestos esfuerzos por ayudarle y apoyarle. Como tantos otros, en realidad no era consciente de que existen maneras de ser muy distintas a la suya. No saber cómo reconocer a un lobo, o a un lobo con piel de cordero, fue su mayor vulnerabilidad. Ahora Jack ha aprendido a reconocer a estos tipos. Desafortunadamente, Jack debió aprender de la peor manera a reconocerlos.

Agresividad reactiva vs. agresividad predatoria

El "estilo" propio de Betty de salirse con la suya y aferrarse al poder es un buen ejemplo del comportamiento agresivo que es ignorado con demasiada frecuencia por los especialistas. La agresividad puede ser de dos tipos muy diferentes: reactiva y predatoria (algunos investigadores prefieren el término "instrumental"). La agresividad reactiva es una respuesta emocional a una situación amenazadora. No es algo que planeamos, sino algo que hacemos espontáneamente cuando estamos muertos de miedo y no hay a donde huir. La agresividad reactiva es, por su propia naturaleza, distinta a la predatoria. Un presentador de un seminario al que asistí[24] hace un tiempo utilizó una analogía que me pareció útil. Indicó que cuando un gato se enfrenta a una situación amenazadora (por ejemplo, cuando se le aproxima un *bulldog*), exhibe ciertos comportamientos estereotipados. Primero, arquea el lomo. Puede mostrar sus garras. Puede sisear. Se le eriza el pelo. Sus emociones están a flor de piel. A pesar de su miedo, enfoca la mirada en su potencial agresor y hace todo lo posible para demostrar de manera clara y evidente que está listo para atacar, con la esperanza de que el agresor se eche atrás y así no tener que pelear. El "enemigo" sabe lo que podría pasar y aprovecha la oportunidad para huir.

La agresividad predatoria o instrumental es muy diferente. No se trata de una reacción instantánea, sino de una acción deliberada y premeditada. Tampoco es motivada por el miedo, sino que más bien es impulsada por el *deseo*. También es distinto el tipo de comportamiento. Cuando un gato está al acecho (por ejemplo, al avistar un ratón), se pega al suelo sin mover un pelo y permanece sigiloso y cauteloso. Permanece lo más silencioso y concentrado posible mientras se prepara para abalanzarse sobre su presa. Su víctima nunca se da cuenta de lo que se avecina. Si lo hace, suele ser cuando ya es demasiado tarde.

Cuando un gato acecha a un ratón para su merienda, sería ridículo suponer que lo hace por miedo al ratón, que está enojado con el ratón, que tiene "problemas de ira no resueltos" en general, o que está "escenificando" viejos traumas de maltrato a manos de un ratón, etc. Sin embargo, estos son precisamente los tipos de planteos que hacen muchos profesionales de la salud mental, y también muchos legos, cuando reciben a agresores de tipo depredador en cursos de control de la ira o grupos de terapia contra el miedo a la intimidad. A algunas personas les cuestas entender la razón básica y simple de la agresividad predatoria y les resulta igualmente difícil aceptar que todas las criaturas son capaces de este tipo de conducta agresiva.

Muchos dirían que Betty temió perder su trabajo y "respondió" a la "amenaza" deshaciéndose de su enemigo. Pero su comportamiento en la historia anterior se acerca más al gato al acecho que al asustado. Como en toda agresividad predatoria, Betty no actuó motivada por el miedo o cualquier otra emoción que no fuera deseo. Al igual que el gato, que solo quería comer, el comportamiento de Betty refleja su sed de poder y estatus. Betty es astuta, hábil y calculadora para lograr lo que se propone y no dejarlo ir. Cuando ella se puso a Jack en la mira, actuó con tal sigilo, tal parsimonia, tal calculada discreción, que nadie imaginó que podía llegar a ser peligrosa hasta el momento en que dio el zarpazo. Y Jack no lo vio venir.

LA CONCIENCIA DEFICIENTE

A las personalidades agresivas no les gusta que nadie las presione para que hagan lo que no quieren hacer o impedirles hacer lo que quieren hacer. Jamás aceptan un "No" por respuesta. Como oponen una resistencia tan feroz a toda limitación a su accionar o a la satisfacción de sus deseos, tienen dificultad para desarrollar una conciencia sana.

La conciencia se puede interpretar como una barrera autoimpuesta al afán incontrolado por lograr sus metas. Es el sistema de "frenos" interno de una persona. Las personalidades agresivas desoyen las insistentes advertencias de la sociedad para que pongan esos frenos. Suelen *oponerse al proceso de socialización* desde edad temprana. Si no tienen demasiada predisposición a la agresividad, y si son capaces de ver alguna ventaja en el dominio de sí mismos, podrían interiorizar algunas inhibiciones. Pero por regla general, el ínfimo criterio por el bien y el mal que pueden llegar a desarrollar es extremadamente deficiente. Esta es la esencia del desarrollo de la conciencia: *la internalización de una prohibición social es la máxima expresión de sumisión.* Dado que todas las personalidades agresivas *detestan* y *se resisten* a someterse, acaban desarrollando necesariamente conciencias deficientes.

La conciencia de las personas con agresividad encubierta presenta varios tipos de deficiencia que le son característicos.

Al abstenerse de cometer actos manifiestos de hostilidad hacia los demás, consiguen ocultar ante sí mismos y ante los demás lo desalmados que realmente son. Pueden acatar la letra de la ley, pero vulneran su espíritu sin que se les mueva un pelo. Son capaces de reprimir su comportamiento cuando les conviene, pero en realidad se niegan a someterse a una autoridad superior o a una serie de principios. Muchas personas me han preguntado si estoy tan seguro de que los individuos agresivos encubiertos son tan arteros y calculadores como los describo. "Tal vez no pueden evitarlo", me dicen, o "deben hacer estas cosas inconscientemente". Si bien algunos de los agresivos encubiertos son, hasta cierto punto, neuróticos, y por lo tanto tienden a engañarse sobre sus intenciones agresivas, en la mayoría de los casos que he tratado he observado como rasgo predominante un trastorno de la personalidad, y un denodado esfuerzo por ocultar de los demás sus verdaderas intenciones y sus planes de agresión. Pueden comportarse de forma correcta y educada cuando se sienten observados de cerca o vulnerables. Pero cuando se creen invulnerables a la detección o al merecido castigo, la cosa cambia por completo. El caso siguiente es un ejemplo de ello.

La historia de Mary Jane

Mary Jane estaba a punto de rendirse. Ya era suficientemente lamentable que su marido la hubiera dejado por una mujer más joven y tener que criar a su hijo sola. Ahora se iba a presentar a una entrevista de trabajo por undécima vez, después de cinco semanas de "Estaremos en contacto con usted". Ella estaba desesperada, y esta vez no hizo ningún intento por ocultarlo. "Sr. Jackson", suplicó, "si me contrata, le prometo que trabajaré más que nadie a quien haya conocido jamás. No se imagina cuánto necesito este trabajo".

Cuando Mary Jane comenzó a trabajar al día siguiente, sus

esperanzas eran mayores de las que sentía desde hacía algunos meses. Sin embargo, ella aún se sentía bastante vulnerable. Le había dicho al Sr. Jackson lo desesperada que estaba y nunca negoció acerca de cuál sería el salario inicial ni las futuras oportunidades de aumento de sueldo y ascensos. Pero el Sr. Jackson sabía que ella tenía poca experiencia laboral previa, y aun así estaba dispuesto a darle una oportunidad. A su juicio, eso hablaba bien de él.

Los días en que Mary Jane se sentía incómoda con su jefe, procuró tener presente lo importante que era su trabajo para su seguridad inmediata y su futuro. Aunque quedó algo desconcertada cuando él la tomó por el hombro y le clavó la mirada, logró ignorarlo y mantener la atención en lo que realmente importaba. Daba la impresión de que esa era su manera de ser. Él siempre se mostraba "cordial" con el personal femenino y además contaba sin tapujos que estaba felizmente casado y parecía que le gustaba alardear de su mujer y sus hijos cuando lo visitaban en la oficina.

No fue sino alrededor de un año después sin aumento salarial, y presionada por sus obligaciones cada vez mayores, que Mary Jane empezó a pensar que debería hablar seriamente con su jefe. Naturalmente, ella se había acercado a él en ocasiones anteriores, pero ella sabía que él tenía razón cuando le recordó que, a pesar del buen trabajo que realizaba en la empresa, no tenía aptitudes que sirvieran en el mercado laboral y tenía suerte de que le hubiera dado esa oportunidad. También le recordó la cantidad de veces que él le había ofrecido hacer arreglos "especiales" con ella para que hiciera trabajo extra por el que recibiría compensación adicional sin que los demás empleados lo supieran, descartando de ese modo la posibilidad de suscitar celos destructivos entre sus compañeros. Sin embargo, la idea de encontrarse a la hora de la cena y trabajar en su refugio de las afueras de la ciudad le resultaba inquietante. Ella nunca llegó a manifestarle directamente su incomodidad, porque no quería ofenderlo. Además, no estaba segura de tener una razón legítima para sentirse incómoda.

Un día en que se quedó trabajando hasta tarde y no había nadie más en la oficina, Mary Jane decidió plantearle la situación al Sr. Jackson. Sentía que solo tenía que expresarle su preocupación por las exigencias laborales cada vez mayores y el hecho de que, a diferencia de los demás, ella nunca había recibido un aumento. Tal vez fuera por el simple hecho de estar a solas con su jefe en ese enorme edificio vacío, pero la actitud del Sr. Jackson en general le pareció diferente. "Pensé que eras una jovencita despierta", le espetó. "Si quisieras jugar bien tus cartas, podrías tener prácticamente todo lo que buscas". Crispada y con el corazón en la boca, Mary Jane le pidió que se explicara. Le dijo que le sorprendía su aparente indiferencia ante la enorme dedicación y gratitud con que había progresado en el trabajo y asumido nuevas responsabilidades. "¡No te hagas ilusiones!", le respondió. "¡Hay muchas otras que saben lo que les conviene! ¡Algunas de ellas han cooperado mucho más y puedes ver hasta dónde han llegado! Llevo un año entero esperando a que se te prenda la lamparita".

Recién entonces, a Mary Jane le quedó claro que estaba siendo víctima de abuso. Había advertido una muestra de lo que siempre había sospechado pero nunca podría probar. Y justo ahora que tenía la prueba, ¡no había testigos! Para colmo de males, Mary Jane había caído en una auténtica trampa. Sabía que el Sr. Jackson tenía razón al recordarle lo importante que era para ella tener una buena referencia de su único empleador en caso de que osara renunciar. Aunque se avergonzaba de sí misma, necesitaba tan imperiosamente su apoyo financiero, que no podía darse el lujo de abandonar el trabajo así como así.

Víctima de la manipulación y del abuso del Sr. Jackson, Mary Jane detestaba ver esa sonrisa en su rostro mientras él hacía su ronda diaria por los escritorios de las secretarias, haciendo paradas ocasionales para compartir fotografías de su hijo o para alardear del nuevo anillo que le había comprado a su mujer como regalo de cumpleaños. Fue esa sonrisa petulante la que, finalmente, la llevó a renunciar. Y ya no podía soportarlo más.

Salir impune de un asesinato

Los agresivos encubiertos sacan provecho de las situaciones en las cuales son conscientes de la vulnerabilidad de sus víctimas. Por lo general, estos individuos son muy selectivos en cuanto a la clase de personas con quienes se relacionan o trabajan. Tienen una habilidad especial para encontrar y mantener a otros en posición de inferioridad. Les encanta ejercer su poder sobre los demás. Según mi experiencia, la manera en que una persona usa el poder representa la prueba más confiable de su carácter. El jefe de Mary Jane, sin lugar a dudas, padece un trastorno del carácter. Tiene una personalidad caracterizada por la agresividad encauzada y encubierta. A pesar de que aparentaba ser el tipo de persona que da a los demás su propio espacio, carecía de una conciencia sana. Estaba seguro de que se podría aprovechar de la vulnerabilidad de Jane. Como se creía inmune a la detección o al "castigo" por su comportamiento, terminó dejando salir a la luz su verdadero carácter.

La conciencia sí, pero no la trayectoria de un sociópata

El Sr. Jackson, prácticamente no tiene consideración alguna por los derechos y necesidades del prójimo. Algunos caen en la tentación de etiquetarlo de antisocial o, incluso, de sociópata. Pero luchar contra las imposiciones de la sociedad no es su afán cotidiano. Nunca ha infringido ninguna ley de capital importancia y, gracias a las actividades de su empresa, es uno de los miembros de la comunidad que está creando una sociedad mejor de manera activa. Así pues, ateniéndonos estrictamente a la definición, no sería antisocial. Pero ciertamente, necesitamos algunas etiquetas para describir su cruel desdén por los demás, así como su intención de manipularlos y y abusar de ellos. Su conciencia es obviamente deficiente, pero no tenemos suficientes indicios de que esté totalmente falto de conciencia como para calificarlo con acierto de psicópata o sociópata. Pero ciertamente reúne todos los criterios mencionados en el Capítulo 1, que definen la personalidad de agresividad encauzada y encubierta.

La raíz del "mal" del señor Jackson

Hay quienes sugieren que las personas como el Sr. Jackson son "malvadas".[25] Pero, ¿qué tendrá este hombre para que lo consideren malvado? ¿Es malvado solo por ser agresivo? ¿Es la agresividad propiamente dicha un "pecado"? La agresividad hacia los demás puede producir dolor y desdicha, así que uno se siente tentado a considerarla maldad. Sin embargo, no toda la agresividad del Sr. Jackson causó dolor a los demás. Su agresividad, adecuadamente encauzada, contribuyó al éxito de su empresa y al bienestar económico de varios empleados. Pero el Sr. Jackson no fue capaz de "adueñarse" completamente de sus tendencias agresivas ni de controlarlas de forma responsable. Cuando se trata de conseguir lo que quiere de los demás, se pone pocos límites a sí mismo. Sabe cómo mantener las apariencias y cómo borrar sus huellas. Sabe, incluso, cómo protegerse a sí mismo si lo atrapan. Entonces, la "maldad" del Sr. Jackson se refleja en que, aunque sabe dar la impresión de ser bondadoso, para él **ser una buena persona** no es necesario y, por ello, nunca asumió el compromiso de disciplinar su conducta agresiva".

Situaciones de inferioridad

Hay momentos en la vida de una persona en que esta se siente en un pozo sin salida y susceptible de ser manipulada. El Sr. Jackson no tuvo necesidad de usar muchas de sus tácticas habituales para manipular a Mary Jane. Él era muy consciente de la vulnerabilidad de ella y la utilizó en su provecho. La dejó hundirse cada vez más en una situación de inferioridad con respecto a sus compañeros; posteriormente, le ofreció la solución que creyó que ella no tendría más remedio que aceptar dada su situación de inferioridad. Esta era su táctica principal de manipulación.

Mary Jane podría haber dedicado más tiempo a evaluar el tipo de persona para quien trabajaría, pero la verdad es que necesitaba trabajar. Se encontraba en una situación inevitable de vulnerabilidad, susceptible de manipulación y abuso. Su experiencia le enseñó algunas cosas importantes sobre los peligros de encontrarse en situaciones de vulnerabilidad y la clase de cosas que hay que saber reconocer en el carácter de aquellos que, fácilmente, podrían aprovecharse de ella en tales situaciones.

RELACIONES ABUSIVAS Y MANIPULADORAS

Los agresivos encubiertos aplican una gran variedad de artimañas para mantener a sus parejas en una posición de subordinación. Por supuesto, se necesitan dos personas para que una relación funcione y ambas partes deben asumir la responsabilidad de su propio comportamiento. Pero los agresivos encubiertos son, a menudo, tan expertos en abusar de las debilidades y de la inseguridad emocional de otras personas, que casi cualquier persona puede ser engañada. A estas personas sometidas a relaciones abusivas por parte de agresivos encubiertos, cuando inician su relación, a menudo su abusador las seduce con su labia y su trato aparentemente encantador. Cuando al fin descubren el verdadero carácter de su pareja, ya se han involucrado demasiado emocionalmente al intentar que la relación funcione. La situación se vuelve muy difícil y escaparse se convierte, simplemente, en una batalla personal.

La mujer que no podía renunciar a su relación

Janice se sentía culpable por lo que estaba a punto de hacer. Ese sentimiento de culpabilidad la invadía desde hacía algunos días. Estaba a punto de abandonar a Bill. No tenía intención de divorciarse de él, pero quería tiempo y espacio personal para solucionar las cosas. No estaba segura de por qué exactamente, pero sentía que por alguna razón no sería capaz de pensar con claridad si seguía conviviendo con él. Así es que decidió alejarse por un tiempo. Mientras estaba fuera de la ciudad visitando a su hermana, Janice se dio cuenta de lo bien que se sentía lejos de todos esos conflictos familiares habituales. No es que ella odiara ayudar a su hija (que se había divorciado dos veces) a criar a su nieto sin padre. No es que quisiera abandonar a su hijo, quien, después de dejar la universidad y ser despedido de otro trabajo, necesitaba un lugar donde quedarse. Pero ella siempre parecía estar dando, dando, dando... dándolo todo para hacer que las cosas funcionaran. Ahora, cansada y agotada, necesitaba hacer algo por ella misma. Se sintió aliviada, pero culpable, como siempre.

Sobre todo, Janice se sentía culpable por abandonar a Bill. Lo escuchó hablar sobre la presión a la que estaba sometido en el trabajo. Y sí, él había vuelto a beber, pero no como antes. Quizás Bill tenía razón cuando se quejaba de que ella, últimamente, no le había estado dedicando la atención y el apoyo emocional que necesitaba. Tal vez ella había estado gastando demasiado dinero cuando menos podían permitírselo, tal como dijo Bill. Pero ella no había sentido demasiados deseos de apoyarlo esos últimos días por la forma en que él había estado actuando. Y también por eso ella se sentía culpable.

Cuando más culpable se sintió Janice fue cuando pensó en lo que podría pasarle a Bill si ella lo dejaba para siempre. Había intentado abandonarlo como tantas otras veces, y cada intento suponía para él un fracaso para su "recuperación". Ella aprendió todo lo que había que aprender sobre las adicciones a partir del momento en que presionó a Bill para que buscara un programa de tratamiento de 28 días, pero vio cierta lógica en la insistencia de Bill en que no necesitaba asesoramiento psicológico, tratamiento ni reuniones de A.A. porque, tal y como él explicó, su consumo de alcohol nunca era excesivo cuando las cosas iban bien en el trabajo, con los niños y cuando ella era comprensiva con él. Bill tenía razón –ella pensó– al decir que él solo "recaía" en el abuso de la bebida y manifestaba ese comportamiento típico "causado" por los estragos del alcohol (los arrebatos, las aventuras amorosas y los engaños) cuando ella pensaba abandonarlo.

A pesar de su culpa habitual, Janice estaba convencida de que esta vez sería diferente. Esta vez, Bill había dicho que lo entendía. Él había dicho eso antes, pero ahora parecía más sincero. Él le dijo que si ella necesitaba tiempo para ella misma, debía tomárselo. A fin de cuentas, él la seguía amando. Bill le dijo que no se preocupara de que los problemas se agravaran en el trabajo, de que los niños parecían necesitar mucha atención ni de que él se había sumido en el vicio del alcohol varias veces más. Él comprendió que ella necesitaba cuidar de sí misma. Tal vez ella ya habría empezado a extrañarlo tanto como él ya había empezado a extrañarla a ella –le dijo él.

Al principio, ante la terrible experiencia de mudarse a un apartamento y asegurarse un trabajo, a Janice no le alcanzó el tiempo para pensar ni en Bill ni en los niños. Al principio, Bill no la llamaba muchas veces, tal como había dado su palabra de no hacerlo. Le explicó que la única razón por la cual la había estado llamando con más frecuencia últimamente era porque sabía que ella necesitaba saber cómo estaban los niños.

En su última llamada, la voz de Bill sonaba temblorosa y su voz, algo confusa, cuando le dijo a Janice que no se preocupara por él, por su tentación de beber ni por la posibilidad de que él pudiera perder pronto su trabajo. Él insistió en que estaba atravesando el "profundo dolor" de la separación y de los problemas con los niños de la mejor manera posible a pesar de estar completamente solo. Habían transcurrido pocas semanas cuando Janice empezó a sentirse muy culpable.

El día en que llegó la llamada del hospital, Janice estaba muy confusa. "¿Una sobredosis?," –se preguntó– "¿Cómo es posible sentirme enojada porque alguien haya tomado una sobredosis?" Al no estar segura de que su ira estuviera justificada, acabó hundida en su propia sensación de culpa y vergüenza.

Al ver a Bill en la cama del hospital con un tubo bombeándole el estómago, no le importó que el médico dijera que él en realidad no había tomado la cantidad suficiente de pastillas para causarse un daño irreparable. Ella tan solo lo miró, imaginando el dolor y la angustia que debían haberlo "impulsado" a hacer tal cosa. Una vez más, ella comenzó a creer que había sido demasiado egoísta.

Bill la necesitaba –pensó–. Eso la hizo sentir bien. Siempre le hacía sentir que valía la pena ser necesitada. Él le tendió su mano. "No creí que vendrías" –dijo él–, "pero me alegro de que estés conmigo. Por un tiempo, pensé que no sobreviviría" –añadió–. "Ahora que volviste, estoy seguro de que podré lograrlo".

La víctima perfecta

Cuando Janice recibió la llamada del hospital, al principio estaba furiosa. Sin embargo, no entendía por qué. Su instinto le decía que era víctima de maltrato, pero Bill no le había hecho nada abiertamente cruel. Así es que no encontró ningún motivo para justificar sus sentimientos. Su rabia pronto se vio ensombrecida por sus habituales sentimientos de culpabilidad. Por tanto, ella terminó creyendo que Bill era una simple víctima y no un manipulador. A medida que ella volvía en busca de más de lo mismo, se le pasaba su sentimiento de culpabilidad, pero se le despertaban enseguida sentimientos de frustración y tristeza. Era un interminable círculo vicioso que había atravesado muchas veces.

Bill es un experto en el arte de la victimización. Utiliza la táctica de *hacerse la víctima* con impecable precisión. Sabe cómo inspirar piedad y hacer que los demás se sientan culpables por "abandonarlo" cuando los necesita. Y Janice tenía todos los rasgos típicos de personalidad para caer en la trampa. Ella no puede soportar la idea de verse como "la mala". No le gusta lastimar a nadie. De hecho, es uno de esos seres piadosos que se preocupa más por el bienestar de los demás que por el suyo propio. Cuando piensa que está siendo egoísta, la embargan sentimientos de culpa y de vergüenza. Así, cuando Bill combina la táctica de hacerse la víctima con las técnicas de provocar sentimientos de *vergüenza* y *culpabilidad*, Janice está dispuesta a asumir la culpa.

Bill, además, es un experto en proyectar las causas de su conducta en factores externos. Afirma que solo es infiel y se enfurece cuando bebe, y que solo bebe cuando Janice lo descuida emocionalmente. Tiene dos coartadas perfectas: Janice y la bebida. Solo hay una cosa más destructiva que su manera de culpabilizar a otros y es el hecho de que Janice es presa fácil.

El síndrome de la máquina tragamonedas

Existe un síndrome que puede desarrollarse en las relaciones abusivas y de manipulación, que induce a la víctima a seguir en la relación, aunque haya pensado varias veces en abandonarlo todo. Yo lo llamo síndrome de la máquina tragamonedas. Cualquiera que haya jugado con una de esas "máquinas sacadineros" sabe lo difícil que es dejar de darle a la manivela cuando vas perdiendo mucho dinero. Hay principalmente cuatro razones por las cuales una persona puede verse atrapada por este síndrome. En primer lugar, está el atractivo de conseguir "la cascada interminable de monedas". A menudo, la gente aprovecha la oportunidad de conseguir mucho de algo que es muy valioso para ellos a cambio de lo que inicialmente puede parecer una inversión relativamente pequeña. En segundo lugar, que consigan o no algo a cambio de sus esfuerzos solo dependerá de en qué medida estén dispuestos a "responder" (los conductistas llaman a esto programa de reforzamiento de razón). Con una máquina tragamonedas hay que "responder" (invertir) mucho, solo para tener una oportunidad de ganar. En tercer lugar, de vez en cuando aparece una "cereza" (o un pequeño premio por el estilo) y "se gana" un dinerito. Esto refuerza la idea de que su inversión no es inútil y que "ganar" una mayor recompensa es de verdad posible si siguen invirtiendo. En cuarto lugar, después de quedar agotados por el "abuso" de la máquina y de sentir la tentación de darse media vuelta, se enfrentan al dilema más difícil. Si se van, dejan atrás una inversión sustancial. No solo tienen que escapar de su "abusador" sino de una parte importante de sí mismos. Es muy difícil desengancharse sin nada que mostrar por su tiempo y energía, salvo una sensación de derrota. Les tienta engañarse diciéndose a sí mismos: "Si pusiera otra moneda..."

En los primeros días de su relación, Bill era muy atento y halagador con Janice. Para Janice, eso significaba que él la valoraba. Ella apreciaba mucho esa aparente aprobación. Sin embargo, pronto se hizo patente que Janice recibiría pocos mensajes de aprobación y casi ningún apoyo emocional de Bill, a menos que ella pusiera mucho de su parte para colmar todos sus deseos. De vez en cuando, cuando ella atendía todas sus necesidades, él le daba algo de la aprobación que buscaba. A lo largo de los años, ella se había empeñado mucho en asegurar esas minúsculas "recompensas". El síndrome la dejó con la ilusión de control mientras se estaba quedando en la ruina. Pero después de haber invertido tanto, era muy complicado para ella considerar de manera realista la posibilidad de dejarlo todo atrás. Además, Si decidía alejarse de esa situación y admitía que había cometido un gran error durante varios años, posiblemente se avergonzaría de sí misma. La vergüenza y la culpabilidad son problemas de gran importancia para Janice y que dificultan aún más sus posibilidades de escapatoria.

Personalidades agresivas en "recuperación"

El caso de Janice y Bill y muchos casos análogos posteriores me han enseñado que los principios fundamentales de los modelos tradicionales de "recuperación" concebidos para tratar la auténtica dependencia de sustancias son perjudiciales cuando se aplican a individuos adictos a sustancias con trastornos de personalidad agresiva (o con agresividad encubierta) que abusan de sustancias. Estos modelos a menudo nos inducen a considerar la personalidad abusiva y emocionalmente *independiente* como víctima y *dependiente*. El modelo tradicional consideraría a Bill como dependiente de sustancias químicas y a Janice como *codependiente*. En los últimos años, profesionales que defienden a ultranza el "modelo de codependencia" lo han ampliado hasta el punto de incluir sin excepción todos los tipos de dependencia interpersonal. Dentro un planteamiento tan exagerado, *todos* son hasta cierto punto codependientes. Ahora bien, hay casos de dependencia y codependencia real, que no son tan comunes como muchos afirman. En muchas otras relaciones problemáticas, hay una parte abusiva emocionalmente independiente, y otra parte que tiene problemas de inseguridad y de excesiva dependencia emocional.

Bill tiene una personalidad activo-independiente (agresiva) y es un victimizador. Janice no es codependiente sino dependiente sin más, y la víctima perfecta. El estilo de afrontamiento activo-independiente de Bill se refleja en casi todo lo que hace. Siempre ha trabajado para sí mismo porque detesta tener que rendir cuentas a otros. Cuando él y sus socios juegan al golf, siempre conduce el carrito. A pesar de lo que podamos pensar sobre las consecuencias a largo plazo de su consumo de alcohol, él procura siempre cuidarse mucho. Abrió una cuenta bancaria secreta para costear algunos de sus "viajes de negocios" con sus compinches y tiene un refugio para sus aventuras con una larga lista de amistades femeninas. Aunque su táctica de interpretar el papel de marido desvalido hace parecer que depende de Janice, su deseo es esencialmente pragmático. Es dueño de una gran fortuna en metálico y muchas propiedades, y no quiere un acuerdo de divorcio justo. Por eso prefiere mantener a Janice convenientemente cerca y organizarse sus aventuras a escondidas. No nos engañemos, Bill es un hombre muy *independiente*.

Dicho esto, se puede argumentar que la adicción a sustancias es un problema en sí mismo no relacionado con la independencia ni la dependencia emocional. Pero mi experiencia me dice que las personalidades abusivas muestran patrones de comportamiento semejantes con todos los "objetos" con los cuales establecen algún tipo de relación durante su vida, *entre ellos, las drogas que en cada caso acaben consumiendo.* Bill nunca ha reunido los criterios de una auténtica dependencia de sustancias (adicción). Su patrón de consumo de alcohol se corresponde más bien con el de un *drogadicto* cíclico. Todo hace pensar que Bill abusa tanto de las sustancias como de las personas.

Según mi experiencia, (y la de un número cada vez mayor de profesionales)[26], las personas con trastornos de personalidad agresiva responden mal a los tratamientos que los consideran o tratan como dependientes en algún sentido. Cuando Janice había intentado obligar a Bill a someterse a tratamiento en otras oportunidades (él había ido a tratarse para tranquilizarla), había sido ingresado en la típica unidad de conductas adictivas de un hospital local. Estos programas de tratamiento de dependencia de sustancias basados en un modelo de recuperación de 12 fases son insoportables para todas las personalidades agresivas.

Admitir que son de alguna manera incapaces desafía sus convicciones más profundas. Creer que un poder superior es la clave para su recuperación es incompatible con su concepto exagerado de sí mismos. Tener que someter su voluntad y su conducta a un poder superior es algo totalmente inaceptable para ellos. No es razonable pedirles que se perciban a sí mismos como dependientes en algún sentido cuando toda su vida han dado prioridad a la propia independencia interpersonal. Si se les presiona para que se sometan a tratamiento, son capaces de decir todo lo que los otros quieren oír para que les dejen en paz (esta es la táctica de *dar la razón*), pero rara vez aceptan los principios básicos de este tipo de programas en su fuero interno.

Como suele suceder con las personalidades sumisas, a Janice le atrajo Bill al principio porque su aplomo y su independencia hacían que se sintiera segura cuando estaba con él. Ella nunca se valoró ni creyó en su capacidad para valerse por sí misma. Al depender del apoyo y la aprobación de otra persona para tener la más mínima autoestima, era inevitablemente susceptible al abuso.

El comportamiento de Janice se ajusta perfectamente al modelo clásico de adicción. Los principios fundamentales de los programas de recuperación tradicionales están hechos a *su* medida. Dado que su autoestima depende de que Bill diga que la valora, se ha vuelto *adicta* a él. Además, no es capaz de renunciar a lo que se ha convertido en una relación destructiva para ella porque se ha acostumbrado a soportar sus aspectos dolorosos y todavía le encuentra algunas cosas de las que no puede prescindir. Al incrementarse su tolerancia, cada vez necesita un mayor nivel de abuso para que su sufrimiento sea suficiente para querer terminar con su adicción. Cuando intenta liberarse, cae en el síndrome de abstinencia psicológica. Los síntomas de tolerancia y abstinencia son los rasgos distintivos de la auténtica adicción.

A las personas como Janice les hace bien asistir a los llamados grupos de "codependencia" de Al-Anon porque, a diferencia de sus parejas abusivas, sus patrones de comportamiento son muy compatibles con un modelo de dependencia y, como predice el modelo, a veces tocan fondo a nivel emocional y su deseo de acabar con el sufrimiento les impulsa a tomar las "medidas" necesarias para "recuperarse".

El balance final de las relaciones abusivas

Un asistente a uno de mis talleres me preguntó por qué, si Bill no era codependiente de Janice, al menos en cierto grado, luchó tanto por no perderla. Mi respuesta fue que Bill, como personalidad agresiva, simplemente odia perder. Perder significa renunciar a una posición de dominio y poder, y en cualquiera de sus relaciones, Bill quiere ser el que controla y domina. En cualquier relación abusiva, el verdadero objeto de deseo del agresor nunca es la otra persona sino ocupar una posición de dominio. Cada vez que Janice se siente lo suficientemente empoderada como para pensar en dejarlo, se altera el equilibrio de poder, y es entonces cuando Bill libra la batalla. Él no lucha por quedarse con la mujer que ama, desea y necesita; lucha por mantener todo bajo su control. Como individuo con trastorno del carácter, Bill también tiende a ver a Janice más bien como una posesión. Como tal, no es libre de tener una vida propia —o peor aún— una vida mejor con otra persona. En lo que a él respecta, ella es su propiedad, y cualquier tentativa de independencia por su parte la considera como un rechazo a él y a su "derecho" a dominar.

capítulo 8

LOS NIÑOS MANIPULADORES

Durante muchos años, los profesionales se han centrado en cómo los temores y las inseguridades de los niños influyen en el desarrollo de su personalidad, pero no han prestado mucha atención a cómo aprenden estos a disciplinar y canalizar sus instintos agresivos. Tal parece que cuando se trata de examinar y lidiar con la verdad sobre por qué y cómo pelean los niños, y cómo su grado de agresividad conforma su personalidad, los profesionales han evidenciado una grave tendencia a negarse a reconocer la realidad.

Los niños naturalmente pelean por lo que quieren. En las primeras etapas de su desarrollo social, agreden abierta, y a menudo físicamente. Para la mayoría de los niños, esta estrategia no resulta efectiva y suscita una amplia reprobación social. Si sus padres tienen capacidad suficiente para imponer disciplina, sus entornos sociales son lo suficientemente benignos, y si los propios niños son bastante maleables, la mayoría de los niños aprenden a modular sus tendencias abiertamente agresivas y explorarán otras estrategias para ganar las batallas de la vida. A lo largo del camino, muchos descubrirán los "botones" emocionales que sus padres y otros poseen y que, cuando los aprietan, les induce a retroceder o ceder terreno en un conflicto. También aprenden lo que pueden decir o hacer (o evitar decir o hacer) para mantener a sus "oponentes" engañados, desorientados o a la defensiva. Estos niños aprenden después a agredir abiertamente.

Como consecuencia de muchos factores sociales (permisividad, indulgencia, abuso, negligencia y falta de responsabilidad), todo parece indicar que hay cada vez más niños con agresividad manifiesta y agresividad encubierta (manipuladores). Puede que mi punto de vista no sea objetivo, ya que, durante los primeros años de ejercicio de la profesión, dediqué prácticamente la mitad de mi tiempo a niños y adolescentes con trastornos emocionales y de comportamiento y a sus familias. Sin embargo, no deja de sorprenderme el número de casos que veo en los que un niño ha logrado ostentar un desorbitado poder en la familia gracias a que aprendió demasiado bien las tácticas de manipulación. La siguiente historia está basada en uno de esos casos.

Amanda, la niña déspota

Jenny se sentía bastante nerviosa mientras aguardaba en la sala de espera. Estaba muy preocupada por su hija. Ella no podía quitarse de la cabeza las palabras de Amanda: "Debes creer que estoy loca, ¡porque solo los locos van al psiquiatra!" y "Siempre estás pensando cosas malas de mí". Preocupada por cómo reaccionaría Amanda al tener que ver a otro profesional, Jenny llegó sola a la primera consulta.

"Estoy muy preocupada por mi hija", –explicó. "Debe de tener muy baja autoestima". Cuando se le pidió que se explicara, contó sobre cuando le suspendió los privilegios de participar en las actividades extracurriculares a Amanda hasta que comenzara a entregar sus tareas. Ella recordó cómo Amanda sollozaba y gritaba: "Crees que me olvidé a propósito, que soy estúpida, y por eso ahora te ensañas conmigo. Todos me odian, mi maestra me odia, ¡y ahora tú también me odias!" y se encerró en su habitación. "No fue mi intención herir tus sentimientos", le dijo Jenny. "Estoy segura de que ella ya se siente bastante mal consigo misma. Traté de decirle que solo quería ayudarla a ser más responsable con su trabajo y que solo estaba molesta por su comportamiento. Pero ella ni siquiera me habló hasta que le dije que no iba a castigarla hasta que tuviera la oportunidad de hablar con su maestra. Eso pareció animarla un poco".

Jenny relató que podría haber algo de verdad en las constantes quejas de Amanda de que los maestros de la escuela la tenían entre ceja y ceja. "Amanda tuvo muy buena reputación por un tiempo, pero ahora ha cambiado" –explicó Jenny. "Hasta el año pasado, ella era más alta que su hermano Joey y que muchos de los alumnos de la escuela. Ella solía golpear y acosar a Joey, y fue expulsada por pelear en el autobús escolar. Su padre y yo lidiamos con ella por eso todo el tiempo. Pero ahora los otros niños la han alcanzado, y aunque es más joven, Joey ha dado un estirón y ahora es más alto que ella. Él no es dominante con Amanda, pero ella ya no lo maltrata como antes".

Jenny compartió su preocupación de que Amanda debía sentirse insegura y, por lo tanto, hipersensible a lo que decían sus compañeros de escuela. Ella relató cómo Amanda con frecuencia le decía que los demás se meten con ella y la "hacen enojarse", y que los maestros siempre la discriminan destacando su problema de comportamiento sin parecer darse cuenta de que son los otros los que la hostigan. Amanda le habló de esto varias veces. "En cierto modo, creo que Amanda tiene tanta falta de confianza en sí misma y de autoestima como yo cuando era niña", –señaló Jenny. "Yo siempre me deprimía cuando no recibía el apoyo que necesitaba, y uno de los terapeutas a quienes consultamos anteriormente pensó que Amanda podría estar deprimida". Jenny mencionó la cantidad de veces que Amanda le había amenazado con huir de su hogar y recordó cuando Amanda le dijo que estaba mejor muerta y que quería irse a vivir con su padre, porque "él la comprendía". "Creo que ella se siente indefensa y deprimida, ¿no cree? Creo que se viene sintiendo así desde el divorcio. Tal vez cometí un error al divorciarme de su padre hace dos años. Intenté también entender sus inseguridades, pero ya no podía soportar las palizas. Quiero que Amanda sea feliz, y no quiero que me odie. ¿Cree que podremos ayudarla? Es preciso que hagamos algo. El director llamó hoy y amenazó con expulsarla. Le supliqué que no lo hiciera hasta que le consiguiera ayuda".

Agresiva en una nueva versión

Amanda no agrede como lo hacía en el pasado. Ya no tiene a su favor ni el porte ni la fuerza que solía tener. Pero sigue siendo agresiva y toda una "bully", alguien quien le gusta intimidar. Solo ha cambiado su manera de agredir. Ha descifrado las debilidades de Jenny y sabe qué tácticas esgrimir para que su madre se someta a su voluntad.

Como la mayoría de las personas, Jenny puede reconocer más fácilmente el comportamiento agresivo cuando este es abierto, directo y físico. De hecho, ella lidiaba de manera muy diferente con su ex-marido y su hija cuando ellos peleaban abiertamente. Pero debido a que no ve la agresividad en el comportamiento que presenta Amanda, lo permite sin darse cuenta. En consecuencia, Amanda se está convirtiendo en toda una manipuladora. Paradójicamente, como Jenny no puede saber cuándo Amanda manifiesta una conducta agresiva y no sabe cómo enfrentarse a ella, es víctima de abuso una y otra vez.

Recuerdo cuando Jenny intentó por primera vez describir los frecuentes ataques verbales de Amanda. "No puedo decirle nada", se quejó, *se pone tan a la defensiva*" –le pregunté, "Dime a qué te refieres cuando dices "a la defensiva". "Bueno", –explicó Jenny, "ella empieza a gritarme —diciéndome lo mala madre que soy—amenazándome con hacer cosas terribles". Le comenté con curiosidad, "Es interesante que describas estas incesantes agresiones verbales como una especie de comportamiento "defensivo". Por lo que me has dicho, parece que siempre que le pides a Amanda algo que no quiere hacer o notas algo en su comportamiento que quieres que ella cambie, pasa rápidamente a la ofensiva". "Supongo que es una manera diferente de verlo", fue la respuesta de Jenny. "¿Pero por qué iba a atacar si no se sintiera amenazada?"

La raíz del problema

Como suele ocurrir con demasiada frecuencia, Jenny ha estado buscando las causas subyacentes del comportamiento de Amanda. Según la psicología con la que está familiarizada, cree que debe subyacer algo de temor o inseguridad. Tal parece que cuando ella todavía estaba casada, también intentó buscar los motivos subyacentes al comportamiento abusivo de su marido. Ahora, puede que Amanda estuviera enfrentando temores e inseguridades. Incluso puede que tuviera problemas sin resolver en relación con el divorcio de sus padres. Tal vez todavía esté enojada. Quizás culpe a su madre. Pero todas las frustraciones en su vida que la "animan" a agredir no son el problema; su propia personalidad ha pasado a serlo. Ha comenzado a consolidar un estilo de vida caracterizado por una conducta desmesuradamente agresiva y por el juego sucio. Usa sus tácticas preferentes de *culpabilizar, hacerse la víctima, acusar* y *amenazar disimuladamente* para atacar a cualquiera que se interponga en sus deseos.

Identificar correctamente a la víctima y al victimario

En esta historia, Jenny quería "ayudar" a Amanda. Pero la primera vez que vinieron a verme, Amanda ni necesitaba ni buscaba ayuda. Necesitaba corrección (es decir experiencia conductual y emocional correctiva), pero no ayuda. Jenny era la verdadera víctima y necesitaba ayuda desesperadamente. Amanda necesitaba una buena corrección de sus patrones de pensamiento y comportamiento para poder llegar a reconocer la necesidad de ayuda psicológica, procurar obtenerla y aceptarla genuinamente.

Nunca podré insistir lo suficiente en por qué con los enfoques tradicionales es tan estrepitoso el fracaso en la comprensión y el tratamiento de las personas con trastornos de personalidad. Amanda no necesita adquirir percepción de lo que le pasa. No necesita "ayuda". No necesita desenmascarar miedos o inseguridades inconscientes. No necesita superar su baja autoestima. En definitiva, no necesita nada de lo que los enfoques tradicionales ofrecen. Necesita corrección. Necesita que se le impongan límites. Necesita que la enfrenten con sus pautas de pensamiento y actitud distorsionadas, y corregir su conducta agresiva encubierta. También es preciso corregir su exagerada imagen de sí misma. De esto se encarga la terapia cognitivo-conductual.

Los niños no están capacitados para ostentar mucho poder. No poseen la madurez emocional ni la experiencia de vida necesaria para utilizar el poder de manera responsable. Con su experiencia manipulativa, Amanda acumuló demasiado poder en el seno de su familia. Era imprescindible que Jenny tomara el control en sus interacciones con su hija, para que ambas recobraran su salud mental y emocional.

Consideraciones importantes sobre la autoestima

Como muchos, Jenny suponía que Amanda podría estar sufriendo baja autoestima. Era difícil para ella imaginar cómo alguien podría decir las cosas que le decía su hija y no carecer de autoestima. Incluso cuando su intuición le decía que Amanda "se estaba dando aires de superioridad", suponía que debía ser una suerte de compensación por sentirse mal consigo misma.

La autoestima no es un atributo unipolar. Una persona puede perfectamente tener una autoestima muy baja o muy alta. Y una persona que "se da aires de superioridad" no siempre está compensando una inseguridad subyacente (los neuróticos lo hacen algunas veces, pero las personas con trastorno del carácter no suelen hacerlo). Es fácil que a alguien que se las ha ingeniado para ganar excesivo poder y que, en vista de la evidencia inmediata, se cree invencible, se le "infle" desmedidamente la autoestima. Ello es particularmente cierto en el caso de Amanda, y se refleja en su decidido afán por usurpar cada vez más poder tanto en casa como en la escuela.

La diferencia entre autoestima y autorrespeto

Es importante hacer una distinción entre los conceptos de autoestima y autorrespeto. La palabra estima deriva de una palabra que significa estimar. La autoestima es la "estimación" intuitiva que hacemos de nuestra valía a partir de nuestra valoración de los talentos innatos, las habilidades y el éxito que hemos tenido en lograr nuestros objetivos en la vida. Quienes saben lo que tienen a su favor y confían en su capacidad para conseguir lo que quieren pueden sobreestimarse sin desarrollar nunca un legítimo respeto por sí mismas. La palabra respeto significa literalmente "mirar hacia atrás". Por tanto, el autorrespeto emana, de una evaluación retrospectiva del propio esfuerzo personal, del compromiso con metas socialmente deseables y, con suerte, de los logros. Dicho de modo más simple, nuestro sentido de autoestima proviene de lo que sabemos que tenemos, mientras que nuestro sentido de autorrespeto resulta de lo que hemos hecho con lo que nos ha sido dado.

El sentido de autoestima de Amanda está, sin duda, desequilibrado. No concibiendo a su madre, a sus profesores ni a ninguna otra persona como autoridades a las que se debe respetar, piensa demasiado en sí misma. Y cree que está "ganando" porque sabe emplear sus talentos para salirse con la suya. Sin embargo, como es probable que su vida esté marcada por fracasos sociales en el largo plazo, le será complicado desarrollar autorrespeto.

Los progenitores y otras personas a veces refuerzan involuntariamente lo que lleva a los niños a desarrollar una autoestima exagerada. Los elogian por su inteligencia, su apariencia, sus talentos... es decir, por todo aquello de lo cual no pueden atribuirse legítimamente el mérito. Es decir, no hay reconocimiento de un "poder superior" (es decir, la naturaleza, Dios, o cualquier entidad capaz de dotar que tú elijas reconocer) como responsable de estos afortunados "accidentes" de nacimiento. Además, los padres elogian con frecuencia a sus hijos por sus logros. Esto está bien si se toman en cuenta otras cosas, pero con frecuencia no se reconoce la imprevisibilidad de las circunstancias y las oportunidades que generalmente desempeñan un papel fundamental en los logros.

Desafortunadamente, los padres rara vez halagan a sus hijos por lo única realmente meritorio: su voluntad de trabajar. Solo el "sudor" merece alabanza y es esencial apreciar su valor para adquirir un sentido saludable de autorrespeto. Es importante tener esto presente. No es lo que a las personas les ha sido dado lo que tenemos que elogiar, ni las posesiones que consiguen acumular, sino lo que hacen con sus talentos y habilidades y su dedicación al trabajo para participar en la sociedad de manera honesta y responsable. Desafortunadamente he conocido demasiados jóvenes que se sobreestiman pero carecen de autorrespeto.

El mayor temor de los padres

En lo más profundo de su inconsciente, muchos padres perciben la independencia activa que poseen algunos niños. Saben que ese tipo de niños no parecen necesitar del otro tanto como lo hace la mayoría. Saben también que cuanto más presionado, refrenado o limitado se sienta el niño, más amenazará con escabullirse. Por eso, a veces los padres caen en el error de tratar de aplacar a esos niños para no correr el riesgo de perderlos.

Paradójicamente, una vez que Jenny tomó el control en sus interacciones con Amanda, sucedieron dos cosas importantes. En primer lugar, Amanda comprendió que había entidades en su vida más fuertes, más inteligentes y más capaces que ella, y aprendió la lección de humildad que tanta falta le hacía. En segundo lugar, al descubrir que a veces lo mejor para ella era aceptar los consejos e indicaciones de su madre, se vio cada vez más dependiente de ella. Su dependencia cada vez mayor no fue la dependencia insana de una personalidad, sino una forma necesaria de compensar su desmesurada independencia anterior. A medida que Jenny se fue empoderando, no ocurrió lo que tanto temía. Por el contrario, se hizo realidad uno de sus más caros anhelos: en lugar de perderla, ganó una hija.

PARTE II

Cómo tratar eficazmente con personas manipuladoras

CÓMO RECONOCER LAS TÁCTICAS
DE MANIPULACIÓN Y CONTROL

Mecanismos de defensa y tácticas ofensivas

Casi todo el mundo está familiarizado con el término *mecanismo de defensa*. Los mecanismos de defensa genuinos son aquellos comportamientos mentales casi reflejos que utilizamos a veces para protegernos de la "amenaza" de algún tipo de dolor emocional. De manera específica, los mecanismos de defensa del ego son comportamientos mentales utilizados para "defender" la imagen de uno mismo ante la ansiedad que generan las "invitaciones" sociales a sentirnos avergonzados o culpables por algo. Hay muchos tipos diferentes de mecanismos de defensa del ego, varios de los cuales son bien conocidos y se han ido incorporando a la conversación común y corriente.

El uso de mecanismos de defensa es uno de los principios fundamentales de los enfoques tradicionales o psicodinámicos para comprender el comportamiento humano. De hecho, estos enfoques han tendido siempre, al menos en parte, a distinguir los distintos tipos de personalidad en base al tipo de mecanismos de defensa del ego a los que se cree que suelen recurrir. Como se mencionaba anteriormente, hay ciertas características de los enfoques tradicionales de análisis del comportamiento y la personalidad humanos que no nos permiten comprender cabalmente los trastornos del carácter. Según los enfoques tradicionales, necesariamente se siente culpa, vergüenza y ansiedad cuando se hace algo inapropiado y se adoptan comportamientos que llamamos mecanismos de defensa para defenderse de las "amenazas" a la propia imagen, todo ello de manera *inconsciente*.

Los modelos humanos tradicionales de conducta y personalidad no sirven cuando se trata de comprender las del individuo con un trastorno del carácter. Cuando este adopta determinados comportamientos, algunos de los cuales venimos llamando mecanismos de defensa, en esencia no lo hace para protegerse del dolor emocional, el sentimiento de culpa o la vergüenza. Tampoco lo hace para evitar algo que teme pueda ocurrir. Antes bien, la persona con trastorno del carácter se comporta así *principalmente* para conseguir lo que desea, manipular y controlar a los demás, y resistirse a acatar o regirse por las normas sociales. Utiliza esa conducta como instrumento para seguir haciendo lo que la sociedad dice que no se debe hacer y, como resultado de ello, no desarrolla un saludable sentimiento de culpabilidad o vergüenza. Por otra parte, suele comportarse así *con total conciencia*, aun cuando el uso habitual le lleve a hacerlo de manera casi instintiva. De ahí que, cuando se dan en personas con trastorno del carácter, muchas de las conductas que tradicionalmente se consideran mecanismos de defensa, más bien deberían identificarse como comportamientos tendientes a eludir la responsabilidad y como *tácticas de manipulación y control*.

Tomemos, por ejemplo, el mecanismo de negación. Prácticamente todo el mundo ha oído alguna vez decir a alguien: "De seguro tiene un problema, pero *se niega* a reconocerlo". En la mayoría de los casos, este término se emplea indebidamente. La negación, como auténtico mecanismo de defensa, es un *estado psicológico* que se adopta de manera inconsciente para no tiene idea de lo que está haciendo. Esto es lo que presuponen muchos legos, y también numerosos profesionales. También en este caso, cuando se trata de trastornos del carácter, tales suposiciones son *absolutamente erróneas*. La interpretación más acertada es que Jeff prácticamente no siente culpa, vergüenza ni ansiedad por su forma de proceder, lo cual en esencia explica por qué actuó así sin pensarlo dos veces. Lo que también es probable es que no haya asumido el compromiso de tratar a los demás sin agresividad. Aunque a estos no les agrade su forma de actuar, él sí se siente a gusto. Dado que es probable que haya sido sancionado una y otra vez por sus problemas de conducta, sabe muy bien que se la considera inaceptable. Sin embargo, no está dispuesto a acatar las normas de conducta que pretenden imponerle. Por otra parte, conoce muy bien las medidas que podrá tomar el vigilante. Dado que no quiere afrontar las consecuencias de sus actos ni tampoco cambiar su estilo, lo mejor será tratar de convencer al vigilante de que está en un error, que no vio lo que creyó haber visto, y que lo ha juzgado injustamente. En resumen, cuando Jeff está negando, *no se está defendiendo*, sino más bien dando pelea. No se encuentra afectado por ningún estado psicológico; está *empleando una táctica* y sabe muy bien lo que está haciendo. La táctica que usa suele llamarse negación, pero en realidad no es más que una *mentira* lisa y llana. Él miente por las razones por las que se suele mentir: para salir de apuros. La prueba irrefutable saldrá a la luz cuando el vigilante convoque a dos o tres testigos más, y todos confirmen su versión de los hechos. Recién entonces, Jeff podrá justificarse diciendo "Está bien. Capaz que lo empujé un poco, pero se lo merecía. Me ha estado molestando toda la semana." Los tradicionalistas dirían que él "salió de su estado de negación". Pero a diferencia de Agnes, no vemos lo que solemos observar cuando alguien realmente sale de ese estado psicológico. *No hay sufrimiento.*

No vemos a Jeff devastado por el dolor, sino solo admitiendo a medias lo que hizo y persistiendo en su esfuerzo por no acatar los principios rectores por los que pretendemos que se rija. No observamos ningún signo de vergüenza ni de culpa. Más bien, vemos signos de desafío.

Uno de los aspectos más importantes a considerar en el comportamiento de Jeff es que, aunque miente sin ni siquiera pensarlo por estar habituado a hacerlo, no lo hace de manera inconsciente. *Él sabe lo que está haciendo.* Para Jeff, hacerse el inocente y negar algo reprobable con tanta vehemencia que su "acusador" llegue a dudar de la legitimidad de su planteo es, según su propia experiencia, una herramienta de combate eficaz que ya lo ha sacado de apuros otras veces y espera que vuelva a funcionar en esta oportunidad. Conviene recordar que un comportamiento habitual y automático no es lo mismo que un comportamiento inconsciente.

Todos los individuos con trastorno del carácter, en especial las personalidades agresivas, adoptan múltiples formas de proceder y tácticas interpersonales para asegurarse de lograr sus objetivos. Los comportamientos que pasaré a describir en este capítulo cumplen simultáneamente varios cometidos. En primer lugar, permiten ocultar las intenciones agresivas de la persona que los adopta. En segundo lugar, su uso suele poner al otro a la defensiva. En tercer lugar, su uso habitual refuerza la manera disfuncional pero preferida del que los adopta de hacer frente al mundo. Hace naufragar toda posibilidad de que el agresor acate y se someta a los principios sociales rectores que están en juego y, en consecuencia, de que cambie de actitud. Por último, como la mayoría de las personas no saben cómo interpretar correctamente estas formas de proceder, resultan herramientas de enorme eficacia para explotar, manipular, abusar y controlar a los demás. Si eres de los que están más familiarizados con los modelos psicológicos tradicionales, puede que consideres que quien adopta alguno de estos comportamientos está actuando "a la defensiva". Pero considerar que alguien en pleno acto de agresión está, en cierto modo, a la defensiva nos pone en riesgo de caer en una de las principales trampas de la victimización. Empezar por reconocer que la persona que se comporta como se describirá más adelante está a la ofensiva te preparará mentalmente para tomar las firmes medidas necesarias para evitar caer en su trampa.

No es posible enumerar todas las tácticas que un buen manipulador es capaz de utilizar para engañar o aprovecharse de los demás. Pero los comportamientos mentales automáticos y las tácticas interpersonales que se pasarán a detallar son algunas de las armas predilectas del arsenal de los individuos con trastorno del carácter en general, de las personalidades agresivas en particular y, en especial, de los agresivos encubiertos. Es importante recordar que cuando las personas se comportan de esa manera, lo que están haciendo en ese mismo momento es *actuar a la ofensiva*. Luchan contra los valores o las normas de conducta que saben que otros quieren que ellos adopten o internalicen. También luchan por vencer la resistencia de los demás y salirse con la suya.

Los individuos agresivos encubiertos son particularmente hábiles en el uso de tácticas para ocultar sus intenciones agresivas, poniendo a la vez a sus oponentes a la defensiva. Cuando alguien está a la defensiva, no piensa con claridad, se debilita su autoestima y siente la necesidad de replegarse. El uso de estas tácticas aumenta las posibilidades de que los manipuladores se salgan con la suya y se aprovechen de sus víctimas. A veces se utiliza una táctica de forma aislada. Sin embargo, la mayoría de las veces el manipulador experto te lanzará tantas de una vez que posiblemente no adviertas hasta qué punto has sido manipulada hasta que ya sea demasiado tarde.

Minimización— Esta táctica constituye un tipo peculiar de negación junto con la racionalización. Cuando utiliza esta estrategia, el agresor está tratando de demostrar que, en realidad, su proceder no es tan dañino o irresponsable como se podría imaginar. Para ello, intenta armar una tempestad en un vaso de agua. El uso de la minimización muestra claramente la diferencia entre el individuo neurótico y el individuo con trastorno del carácter. El neurótico suele crear una tempestad en un vaso de agua, es decir, "dramatiza" los hechos. El individuo con trastorno del carácter, en cambio, a menudo trata de quitarle entidad a su mala conducta. El manipulador obra así para hacer que quien pretenda hacerle frente sienta que ha sido demasiado duro en sus críticas o injusto al juzgar la situación.

En la historia de Janice y Bill, Bill *minimizó* su problema de consumo de drogas al insistir en que no tenía un problema tan grave con la bebida y afirmar que las borracheras ocurrían *solo* cuando estaba muy estresado o no se sentía apoyado por Janice. En un principio, Janice sucumbió a esta minimización y trató de convencerse de que, como su alcoholismo no siempre se le iba de las manos, su inclinación a consumir sustancias psicotrópicas tampoco tenía por qué ser tan grave.

En el transcurso de los años, he conocido cientos de ejemplos de personalidades agresivas de todo tipo que minimizan la naturaleza y el impacto de su conducta agresiva. "Puede que alguna vez le haya acercado la mano a la cara, pero no la golpeé." "La empujé un poco, no más, pero no le dejé ninguna marca", podrían argumentar. Con frecuencia, usan dos expresiones que prohíbo en terapia: *apenas* y *no más*. La historia es siempre la misma. Lo que pretenden es convencerme de que sería erróneo de mi parte deducir que su comportamiento fue realmente tan inapropiado como saben que presumo que lo fue. En esencia, la minimización no tiene por objeto sentirse menos culpables por lo que han hecho, sino manipularme para modificar la impresión que me causan. No quieren que los perciba como matones. Conviene recordar que este tipo de individuos suelen sentirse a gusto con su personalidad agresiva, por lo que su único propósito es hacerme creer que no hay nada de malo en su forma de ser.

Mentir— Es difícil saber cuándo una persona está mintiendo en el momento en que lo está haciendo. Afortunadamente, a veces la verdad sale a la luz por el propio peso de las circunstancias. Sin embargo, en otros casos no te das cuenta de que has sido engañado hasta que ya es demasiado tarde. Una forma de minimizar el riesgo de ser engañado es recordar que, dado que las personalidades agresivas de todo tipo no se detienen ante nada para alcanzar su objetivo, cabe esperar que mientan y engañen. Otro punto a tener en cuenta es que los manipuladores, por su propia personalidad agresiva encubierta, tienden a mentir de manera sigilosa y sutil. Quienes sugirieron que se exigiera declarar bajo juramento que se dirá "la verdad, toda la verdad y nada más que la verdad" eran conscientes de que hay muchas maneras de mentir. Los manipuladores y otros individuos con trastorno del carácter han perfeccionado a tal punto su forma de faltar a la verdad que virtualmente la han convertido en un arte.

Es importante recordar que los individuos con trastorno del carácter de todo tipo mienten con frecuencia —a veces solo por diversión— y con facilidad, incluso cuando ni siquiera tienen por qué hacerlo. **Mentir por omisión** es una forma sutil de faltar a la verdad que utilizan los manipuladores, al igual que mentir por *distorsión*. Los manipuladores te ocultarán gran parte de la verdad o distorsionarán los elementos esenciales de la verdad para mantenerte engañado. He tratado a pacientes que mentían de manera flagrante ¡describiendo hechos verídicos! ¿Cómo puede alguien mentir diciendo sólo verdades? Lo hacen omitiendo determinados hechos esenciales, sin los cuales no se puede tener una perspectiva amplia de la situación o de "la historia completa".

Una de las formas más sutiles de distorsión es la de ser deliberadamente impreciso. Esta es una de las tácticas favoritas de los manipuladores. Fabrican con esmero sus historias para que pienses que te han estado dando información, *pero omiten los detalles clave que habrían permitido conocer la verdad genuina*.

En la historia de Al y Don, Al no le dijo toda la verdad a Don cuando este le preguntó por la seguridad de su empleo. Fue una *omisión* diplomática y calculada. Él deliberadamente se refirió con vaguedad a los planes de la empresa. Puede que hasta haya considerado que Don acabaría enterándose de toda la verdad, pero solo cuando ya fuera demasiado tarde para frustrar su plan.

Negación— Como se mencionaba anteriormente, esto se da cuando el agresor se niega a admitir algo dañino e hiriente que efectivamente ha hecho. Es una forma de mentirse a sí mismo y mentir a los demás sobre su malicia. Con esta táctica de "¿Quién?... ¿Yo?", procura que la víctima sienta que no se justifica recriminarlo por su proceder inapropiado. Es además una manera de darse vía libre para seguir haciendo lo que quiere hacer. De nuevo, este tipo de negación *no* es el mismo que el de alguien que acaba de perder a un ser querido y no logra soportar el sufrimiento que implica admitir la pérdida. Ese tipo de negación es, en esencia, un mecanismo de defensa contra un devastador sentimiento de angustia y desesperación. En el caso del agresor, la táctica de negación no es en sí un mecanismo de defensa, sino una estrategia que utiliza para hacer que el otro se eche atrás, ceda o incluso llegue a sentirse culpable por insinuar que él está actuando mal.

En la historia del pastor James, la negación de su despiadada ambición adquiere ribetes siniestros. Él negó estar hiriendo y descuidando a su familia y, muy especialmente, negó estar tratando de lograr sus ambiciosos objetivos personales a como diera lugar. Muy por el contrario, se mostró como el humilde servidor de una causa honrosa. Logró convencer a varias personas (y quizás hasta a sí mismo) de la nobleza y pureza de sus intenciones. Pero en el fondo, James sabía que estaba siendo deshonesto. Así lo demuestra su reacción ante la amenaza de no conseguir un cargo en el Consejo de ancianos si sus problemas matrimoniales empeoraban. Cuando James se enteró de que podría estar en juego lo que tanto ambicionaba, como por arte de magia vivió una curiosa experiencia de "transformación". De pronto, llegó a la conclusión de que podía dejar de lado la llamada del Señor por un fin de semana y que era preciso dedicar más tiempo a su matrimonio y su familia. No fueron las palabras del sacerdote las que obraron el milagro. James estaba siempre muy atento a todo aquello que pudiera interponerse en su camino o jugar a su favor. Supo que si no cuidaba su matrimonio, podría perder lo que tanto ansiaba lograr. Fue por ello que, al menos por un tiempo, optó por cambiar de rumbo.

En la historia de Joe y Mary, Mary se enfrentó a Joe varias veces por sentir que él era insensible y cruel para con Lisa. Joe negó ser agresivo. Más aún, logró convencer a Mary de que lo que ella instintivamente sentía como agresividad era en realidad diligencia, lealtad y genuina preocupación de padre. Joe quería una hija sobresaliente. Mary era el obstáculo para lograrlo. La negación de Joe fue la táctica que utilizó para sacar del medio a Mary y así evitar que se interpusiera en su camino.

Desatención selectiva (o atención selectiva)— Se trata de cuando el agresor deliberadamente ignora las advertencias, súplicas o deseos de los demás y, en general, se niega a prestar atención a todo aquello que pueda distraerlo, impidiéndole concentrarse en lograr sus objetivos. El agresor suele saber perfectamente lo que quieres de él cuando adopta la actitud de tipo "¡No pienso escucharte!". Mediante el uso de esta táctica, el agresor se resiste activamente a prestar atención a lo que quieres decirle y a cambiar de forma de actuar.

En la historia de Jenny y Amanda, Jenny trató de decirle a Amanda que estaba perdiendo privilegios porque se estaba comportando de manera irresponsable. Pero Amanda no quiso escuchar. Sus maestros trataron de decirle lo que tenía que hacer para mejorar sus calificaciones, pero tampoco les escuchó. Escuchar activamente y prestar atención a las recomendaciones de otra persona son, entre otras cosas, actos de sumisión. Y en esa historia, como recordarás, Amanda no es una chica que se someta fácilmente. Decidida a no dejar que nada se interpusiera en su camino y convencida de que tarde o temprano se las ingeniaría para "ganar" la mayoría de las pulseadas con las figuras de autoridad, Amanda se negó a escuchar. No vio ninguna necesidad de escuchar. No vio ninguna necesidad de hacerlo. Desde su punto de vista, ella habría perdido poder y control si hubiera acatado las indicaciones y aceptado los consejos de quienes consideraba menos poderosos, inteligentes y capaces que ella. Algunos niños a los que se les ha diagnosticado déficit atencional abusan de la atención selectiva como mecanismo de manipulación y como forma de eludir su responsabilidad. Estos niños muestran una increíble capacidad para centrar y mantener la atención en cualquier tarea o situación que los entusiasme, les interese o les resulte atractiva .

Sin embargo, cada vez que se les pide que oigan algo que no quieren oír o que hagan algo que prefieren no hacer, redirigen su atención a cualquier otra cosa. Esto ocurre muy especialmente cuando alguna figura de autoridad les da instrucciones o les imparte una orden. En cuanto oyen una amonestación, oponen resistencia pasiva no prestando atención.

Una de las experiencias más sistemáticamente positivas que he tenido al trabajar con personas manipuladoras (especialmente niños) ha sido lo bien que parecen responder al ser confrontados y tratados adecuadamente cuando utilizan la táctica de la desatención selectiva. Esto es especialmente cierto cuando se les manifiesta sincero reconocimiento por haber elegido prestar atención o estar dispuestos a implicarse en algo a lo que preferirían no dedicar ni un segundo. Con frecuencia, los niños manipuladores son obligados a concurrir a la consulta con el terapeuta por padres exasperados, y en realidad no quieren hablar ni escuchar. Les hago experimentar el infinito aburrimiento e incomodidad de no interactuar con ellos en absoluto (no hablándoles y no escuchándolos activamente, etc.), a menos que establezcan contacto visual directo conmigo y que yo vea señales claras de que deliberadamente me están prestando la debida atención. Cuando paso a hablar de un tema que no les gusta especialmente y apartan la mirada, dejo de hablarles. Cuando se dan la vuelta, me miran a los ojos y muestran una actitud receptiva, reanudo el diálogo. Esta es una técnica a la que denomino *intervención selectiva*. Una persona que se esfuerza por escuchar lo que prefieren no oír y por centrarse en temas que prefieren evitar por completo se ha ganado mi respeto. Siempre trato de expresarles mi sincero reconocimiento por escuchar en serio. Su autoestima sistemáticamente mejora cuando reconocen el valor de este esfuerzo. Recuerda que es imposible que una persona acepte algo y se resista al mismo tiempo. Por lo tanto, cuando una persona deja deliberadamente de prestarte atención, no vale la pena perder el tiempo hablándole. Cuando dejan de resistirse (pelear) y prestan atención, entonces sí tienes la posibilidad de que te escuchen.

Racionalización— La racionalización es la excusa que da el agresor por adoptar un comportamiento que sabe que es inapropiado o perjudicial. Puede ser una táctica efectiva, sobre todo cuando la explicación o justificación que ofrece el agresor es lo suficientemente lógica como para que cualquier persona razonablemente consciente de sus actos pueda caer en la trampa. Es una táctica poderosa porque no solo sirve para disipar toda resistencia interna que pueda tener el agresor para hacer lo que quiere –silenciar los remordimientos de conciencia que pueda tener–, sino también para que le dejen en paz. Si el agresor puede convencerte de que tienen razones para hacer lo que sea que estén haciendo, entonces tendrán mayor libertad para ir en busca de sus objetivos sin intromisiones.

En la historia de la pequeña Lisa, Mary se sintió incómoda por la obstinación con que Joe persistía en su afán por conseguir que su hija volviera a ser la estudiante obediente que sacaba las mejores notas. Y, ella sabía el deseo expreso de Lisa de buscar apoyo psicológico como medio de afrontar y, quizás, resolver algunos de sus problemas. Aunque se sentía incómoda por la rotundidad de Joe y notaba el efecto que esta tenía en su hija, se dejó persuadir por sus justificaciones de que cualquier padre preocupado debería conocer mejor a su hija que personas desconocidas a quienes les es ciertamente indiferente, y que él solo cumplía con su deber haciendo todo lo que podía para "ayudar" a su "pequeña." Por ejemplo, cuando Joe trató de "convencer" a Mary de que se justificaba imponer a todos su criterio, de manera sutil también la hizo sentir avergonzada –avergonzándola por no "preocuparse" por su hija como se preocupaba él como padre– y culpable –utilizando la táctica de hacer sentir culpable– por no ser tan consciente del papel que estaba llamado a desempeñar como él fingía serlo.

Desviación— Es difícil dar en un blanco en movimiento. Cuando tratamos de identificar a los manipuladores o mantener una discusión centrada en un solo tema o comportamiento que no nos gusta, son expertos en saber cómo cambiar de tema, escurrir el bulto o, de alguna manera, cogernos desprevenidos. Los magos saben desde hace ya mucho tiempo que si logran desviar tu atención, es muy probable que no llegues a verlos deslizar algo dentro o fuera de su bolsillo. Los manipuladores utilizan las técnicas de *distracción* y *desviación* para descentrar la atención de su comportamiento, descarrilarnos y tener la libertad de imponer sus intenciones ocultas egocéntricas y, a veces, lo hacen de manera muy sutil. Puede que te enfrentes a tu manipulador por una cuestión muy importante, y al rato te sorprendas a ti mismo pensando cómo salió el tema de la conversación.

En la historia de Jenny y su hija, Jenny preguntó a Amanda si había entregado sus tareas. En lugar de responder directamente al tema objeto de discusión, Amanda desvió la atención al trato que le daban su profesor y sus compañeros de clase. Jenny permitió que Amanda la distrajera. Nunca le dio una respuesta directa a su pregunta.

Otro ejemplo de táctica de desviación es el de la historia de Don y Al. Al cambió de tema cuando Don le preguntó si tenía planeado reemplazarle. Al centró la conversación en si estaba satisfecho o no con el rendimiento de Don —como si eso fuera por lo que Don le había preguntado desde un principio. Don nunca respondió directamente a su pregunta, lo cual es una característica notoria de los manipuladores. Le dijo lo que creyó que le haría a Don sentirse menos angustiado y que le evitaría seguir hablando del tema. Al se fue con el sentimiento de que había dado una respuesta que, en realidad, no era sino "evasivas".

Al comienzo del año escolar en curso, me vi ante la necesidad de hablar con mi hijo sobre su actitud irresponsable para hacer sus tareas exigiéndole que cumpliera la norma de traer sus libros a casa todas las tardes. Una vez le pregunté: "¿Has traído tus libros a casa hoy?" Su respuesta fue: "Papá, ¿sabes qué? El examen lo tendremos el viernes en lugar de mañana". Mi pregunta fue simple y directa. Su respuesta fue deliberadamente evasiva y disuasoria. Él sabía que si respondía a la pregunta directa y francamente, sufriría las consecuencias de no traer sus libros a casa. A través del uso de la táctica de desviación —y dando justificaciones— se puso enseguida a discutir conmigo para evitar las consecuencias. Cuando alguien no responde directamente a una cuestión, puedes estar seguro de que, por alguna razón, está tratando de evadirse.

Evasión— La evasión, estrechamente relacionada con la desviación, es la táctica que utiliza el manipulador para tratar de evitar ser acorralado por algún asunto, dando respuestas confusas e intrascendentes a preguntas directas, o bien intentando eludir el tema. Una forma sutil pero eficaz de evasión es el uso deliberado de la **ambigüedad**. Los agresivos encubiertos son expertos en dar respuestas vagas a las preguntas más sencillas y directas. Para ello se necesita tener un oído muy fino. A veces, la ambigüedad no es tan acusada y piensas que tienes la respuesta cuando, de hecho, no es así.

Una vez le pregunté a un paciente si alguna vez le habían diagnosticado un problema de abuso de sustancias. Me contestó: "Mi esposa me llevó una vez a un lugar, me hablaron un poco y me dijeron que no tenía que volver". Se trató de una respuesta cargada de evasión, ambigüedad y mentira por omisión. Había algo de verdad en lo que decía, pero la verdadera historia es muy diferente. De hecho, este hombre había estado en un centro de salud mental para asistir a una primera consulta. Su esposa le había presionado para que fuera. Asistió a una sesión de evaluación inicial y el terapeuta le dijo que reunía los requisitos para el diagnóstico de abuso de sustancias. Tenía cita programada para sesiones de psicoterapia de seguimiento individual y en grupo. No acudió a la mayoría de las sesiones y, al llegar tarde a una sesión de grupo lo reprendieron advirtiéndole que sería mejor que no volviera a menos que se tomara en serio lo de buscar ayuda para su problema. Sin embargo, lo que quería hacerme creer en su primera intervención fue que lo evaluaron y después "le dijeron" (un buen ejemplo de ambigüedad deliberada) que estaba en buen estado de salud.

Intimidación encubierta— Los agresores suelen amenazar a sus víctimas para mantenerlas en permanente estado de ansiedad, temor y en posición de inferioridad. Son expertos en refutar los argumentos con tanta pasión e intensidad que acaban poniendo a sus oponentes a la defensiva. Las personalidades agresivas encubiertas principalmente procuran *intimidar* a sus víctimas por medio de *amenazas* (sutiles, indirectas o implícitas) *encubiertas*. De esta manera, ponen a los demás a la defensiva sin parecer abiertamente hostiles o intimidantes.

En la historia de Mary Jane, su jefe sabía lo importante que sería para ella tener una buena referencia de él para poder conseguir otro trabajo. Su amenaza implícita contra ella fue que él frustraría sus intentos de obtener otro trabajo si se atrevía a desenmascararlo. A medida que fue reflexionando durante las sesiones de psicoterapia sobre muchos de los encuentros que había tenido con él, Mary Jane llegó a recordar varias ocasiones en las que su jefe se había mostrado sutilmente amenazador. Se dio cuenta de que probablemente no era casualidad que él comentara "lo difícil que es encontrar trabajo hoy en día" y cómo siempre "estaba considerando seriamente qué tipo de recomendación" le daría cada vez que ella abordaba la cuestión del aumento de sueldo o le planteaba la más mínima incomodidad con respecto a algunos de sus perturbadores avances sexuales. Dado que Mary Jane no podía darse el lujo de perder su empleo, se encontraba en posición de clara inferioridad. Con sus amenazas sutiles para hacer que se sintiera aún más vulnerable, su jefe la mantenía firmemente bajo su control.

Como quedará claro con la última táctica que se analizará en este capítulo, tanto la intimidación manifiesta como la encubierta son eficaces estrategias de manipulación. Sin embargo, la mayoría de las personalidades agresivas encubiertas prefieren utilizar la intimidación encubierta para salirse con la suya. *No haciendo nada a todas luces amenazante*, pueden jugar una partida eficaz de control de la impresión que causan en los demás. Para los agresivos encubiertos es importante abusar de ti, pero aun así causar una buena impresión.

Táctica de culpabilización— Es esta una de las dos armas favoritas del arsenal de manipulación de los agresivos encubiertos (la otra es la de hacer sentir vergüenza). Es un tipo especial de táctica de intimidación. Algo que los de personalidad agresiva tienen claro es que los demás, en particular los de personalidad neurótica, tienen un nivel de conciencia muy distinto al suyo. También tienen claro que la cualidad distintiva de una conciencia sana es la capacidad de sentir culpa y vergüenza. Los manipuladores son expertos en usar lo que saben que más afecta la conciencia de sus víctimas como forma de mantenerlas en una posición de baja autoestima, ansiedad y sumisión. Cuanto más consciente de su responsabilidad sea la posible víctima, más eficaz será la culpa como arma.

En la historia de Janice y Bill, Bill sabe con qué facilidad Janice se siente culpable cuando no dedica la mayor parte de su tiempo y energía a atender las necesidades de sus hijos. Él empuñó eso como arma para retenerla cada vez que ella consideraba la posibilidad de abandonarlo. Él utilizaba una forma más sutil de hacerla sentir culpable en sus conversaciones telefónicas al comentarle cómo estaban los niños y lo solo que se sentía. Cuando esas tácticas de manipulación no funcionaron, recurrió a la estrategia de culpabilización por excelencia. ¿Qué persona que cuide a conciencia de un enfermo podría soportar la idea de sentirse responsable de causarle la muerte?

Creo que el hecho de que las personalidades agresivas en general emplean la táctica de hacer sentir culpable con tanta frecuencia y eficacia como estrategia de manipulación ilustra hasta qué punto su carácter difiere del de otras personalidades (en especial las neuróticas). Con solo insinuarle a alguien genuinamente responsable que no se preocupa, que es demasiado egoísta, etc., el manipulador automáticamente lo hunde en un sentimiento de angustia. Por el contrario, alguien que obra a conciencia podría intentar hasta el cansancio, sin lograrlo jamás, que un manipulador (o un individuo agresivo o con trastorno del carácter) se sienta mal por su actitud hiriente, reconozca su responsabilidad o admita su mal proceder.

Estrategia de hacer sentir vergüenza— Esta técnica consiste en utilizar el sarcasmo sutil y los comentarios despectivos como mecanismo tendiente a aumentar el temor y la incertidumbre en el otro. Los agresivos encubiertos utilizan esta táctica para hacer que los demás se sientan inadecuados o indignos y, en consecuencia, se sometan a ellos. Es un mecanismo eficaz por medio del cual el agresor va quebrantando la autoestima de la parte más débil, manteniendo así su posición de dominio.

Cuando Joe proclamó a viva voz que todo padre que se preciara de serlo procedería exactamente como él para ayudar a Lisa, dio a entender que Mary sería una "mala" madre si no procuraba hacer lo mismo. Él sutilmente "sembró" en ella un problema de conciencia. La táctica fue efectiva. La táctica funcionó. Mary acabó sintiéndose avergonzada por adoptar una postura que dejaba entrever que no se preocupaba lo suficiente por su propia hija. Dudando aún más de su valía como persona y como madre, Mary se sometió a la voluntad de Joe, permitiéndole así mantener su posición de dominio sobre ella.

Los agresivos encubiertos son expertos en el uso de las tácticas de humillación más sutiles. A veces les basta con las miradas que lanzan, o aun con el tono de voz. Por medio de comentarios retóricos, sarcasmo sutil y otras técnicas, pueden lograr hacerte sentir vergüenza hasta por osar hacerles frente.

Recuerdo cómo Joe intentó avergonzarme cuando consideré la posibilidad de aceptar la evaluación educativa realizada por la escuela de Lisa. Dijo algo así como: "No me queda claro qué especialidad médica o qué tipo de credenciales tienes, pero de seguro estarás de acuerdo en que a una jovencita no se le vendrían a pique las notas, como ocurre con Lisa, por ningún motivo. No se podría estar 100% seguro de que no tiene dificultades de aprendizaje a menos que se la sometiera a algún estudio, ¿cierto?" Con esas palabras, subrepticiamente me "instó" a sentir vergüenza por ni siquiera considerar la posibilidad de hacer exactamente lo que él pedía. Si yo no hubiera sospechado lo que él estaba tramando, bien podría haber entrado en su juego sin pensarlo dos veces.

Táctica de hacerse la víctima— Esta táctica consiste en hacerse pasar por víctima de una circunstancia o del comportamiento de otra persona con el fin de despertar piedad, inspirar compasión, y así conseguir algo del otro. Algo que usan a su favor las personalidades agresivas encubiertas es el hecho de que las personalidades menos insensibles y hostiles suelen no soportar ver sufrir a alguien. Se trata entonces de una táctica sencilla. Convence a tu víctima de que, por algún motivo, estás sufriendo, y de seguro tratará de aliviar tu angustia. Una de las vulnerabilidades del alma de los seres sensibles, piadosos, que actúan a conciencia es que es fácil conquistarlas apelando a su compasión. ¿Podría alguien ser mejor en esta táctica que Bill en la historia de Janice y Bill? Con ninguna de las demás estrategias que probó este, logró que ella se sintiera tentada a volver. Pero verlo así, tendido en una cama de hospital, aparentemente herido emocionalmente y desesperado la desarmó por completo.

En la historia de Amanda y Jenny, Amanda también fue sumamente hábil haciendo el papel de víctima. Le hizo creer a su madre que era víctima de un trato extremadamente injusto y objeto de una hostilidad injustificada. Recuerdo que Jenny me dijo: "A veces pienso que Amanda se equivoca cuando dice que su profesor la odia y que yo la odio. Pero ¿y si eso es lo que ella verdaderamente cree? ¿Puedo permitirme ser tan estricta con ella si cree en lo más profundo de su ser que la odio?" Recuerdo que le dije a Jenny: "El que Amanda llegue o no a creer sus propias distorsiones no es lo que realmente importa. Ella te manipula porque *tú* crees que ella lo cree así y permites que esa supuesta creencia le sirva de excusa para dar rienda suelta a su agresividad."

Vilipendiar a la víctima— Esta táctica se utiliza con frecuencia junto con la táctica de hacerse la víctima. El agresor utiliza esta táctica para hacer parecer que sólo está reaccionando (es decir, defendiéndose) ante un ataque de la víctima. Así logra más fácilmente ponerla a la defensiva.

Volviendo una vez más a la historia de Jenny y Amanda, cuando Amanda acusa a su madre de "odiarla" y de "estar todo el tiempo insultándola", no solo la incita a sentirse culpable por "acosarla", sino que simultáneamente logra "intimidarla" para que ceda. Más que ninguna otra, la táctica de vilipendiar a la víctima es un arma poderosa para lograr que el otro inconscientemente se ponga a la defensiva, y a la vez ocultar la deliberada agresividad de quien empuña la táctica.

Jugar el rol de sirviente— Los agresivos encubiertos utilizan esta táctica para camuflar sus mezquinas intenciones bajo la falsa apariencia de servicio a una causa más noble. Es una táctica común pero difícil de reconocer. Al fingir que trabajan arduamente en nombre de otra persona, los agresivos encubiertos ocultan su propia ambición, su deseo de poder y su búsqueda de una posición de dominio sobre los demás.

En la historia de James (el pastor) y Jean, James parecía a muchos el típico servidor incansable que asistía con fervor a más actividades de las que necesitaba. Pero si su propósito era su abnegada devoción a los que le necesitaban, ¿cómo se explica que James tuviera por costumbre descuidar a su familia hasta tal punto? En tanto que personalidad agresiva, James no se somete a nadie. El único amo al que sirve es su propia ambición.

El rol de sirviente no es solo la eficaz estrategia de manipulación que utilizó James, sino también la piedra angular sobre la que se construye todo tipo de imperios corruptos supuestamente religiosos. Un buen ejemplo que me viene a la mente es el reciente caso real de un tele-evangelizador que se encerró en una habitación en lo que pretendía ser una demostración de "obediencia" y "servicio" a Dios. Incluso se presentó a sí mismo como un cordero dispuesto a ser "llevado por Dios" si no cumplía el mandato del Todopoderoso y recaudaba ocho millones de dólares. Afirmó que era un humilde siervo que solo estaba cumpliendo con la voluntad del Señor, cuando en realidad su objetivo era salvar su portentoso imperio económico.

Otro escándalo reciente que involucró a un evangelizador de televisión resultó en que el órgano de gobierno de su Iglesia lo censurara por un año. Pero él le dijo a su congregación que no podía renunciar a su ministerio porque tenía que ser fiel a la voluntad del Señor (supuestamente Dios le habló y le dijo que no renunciara). Ese pastor estaba claramente desafiando a la autoridad establecida de su iglesia. Sin embargo, se presentaba como una persona humildemente sumisa a la "máxima" autoridad. Uno de los rasgos característicos de las personalidades agresivas encubiertas es que declaran a diestra y siniestra su absoluta sumisión mientras luchan por el poder.

Seducción— Las personalidades agresivas encubiertas son expertas en hechizar, elogiar, halagar o apoyar abiertamente a otros para debilitar sus defensas y así lograr su plena confianza y lealtad. Los agresivos encubiertos tienen muy presente que quienes son, hasta cierto punto, emocionalmente vulnerables y dependientes (y eso incluye a la mayoría de quienes no presentan trastorno del carácter) necesitan por encima de todo aprobación, reafirmación y aprecio, y la certidumbre de que se los valora y necesita. Dar la impresión de estar pendiente de estas necesidades puede ser la llave del manipulador para ejercer su increíble poder sobre los demás. Tal parece que "gurús" de dudosa reputación tales como Jim Jones y David Koresh perfeccionaron esta táctica al punto de convertirla en un arte.

En la historia de Al y Don, Al es el seductor consumado. Logra vencer cualquier resistencia que puedas tener a confiar en él y serle absolutamente leal. Lo hace dándote lo que sabe que más necesitas. Sabe que deseas sentirte valorado e importante, y actúa en consecuencia. No descubres lo insignificante que eres *en realidad* para él hasta que por algún motivo le resultas un estorbo.

Proyectar la culpa (culpar a los demás)—Las personalidades agresivas siempre están buscando la manera de echarle la culpa a otro por su comportamiento agresivo. Los agresivos encubiertos no solo son expertos en encontrar chivos expiatorios, sino que además lo hacen de una manera sutil y difícil de detectar.

En el caso de Janice y Bill, este abusa de la bebida. Y no solo eso; él sabe perfectamente, por haberlo vivido una y otra vez, que cuando bebe se transforma y no puede controlar su extrema agresividad en más de un sentido. Cuando Janice le llama la atención sobre estas cosas, él no la desafía abiertamente. Sin embargo, le "advierte" con sumo cuidado que sólo empieza a beber cuando se siente "desatendido" por ella, y que no hace las cosas de las que ella se queja a no ser que haya estado bebiendo. Aunque no lo dice directamente, culpa a Janice y al alcohol por su comportamiento abusivo. Su voluntad de culparla por su proceder es, en sí misma, un acto de maltrato. Ello ilustra claramente que, por el propio hecho de desplegar esta o cualquier otra de las tácticas ofensivas que hemos venido analizando, las personalidades agresivas cometen un acto de agresión.

Fingir inocencia— Esto ocurre cuando el manipulador procura convencerte de que no fue su intención provocarte el daño que te ha causado, o bien que no hizo algo de lo que se lo acusa. Esta táctica está destinada a hacerte dudar de tu buen juicio, y hasta de tu cordura. A veces puede desplegarse de manera extremadamente sutil: una mirada de sorpresa, o incluso una expresión de indignación en su rostro cuando se le pide que rinda cuentas de sus actos. Hasta con la mirada procura hacerte dudar de si tienes o no razón al llamarle la atención por su conducta.

Fingir ignorancia o confusión— Esta táctica, estrechamente relacionada con la de fingir inocencia, es la que emplea el manipulador cuando actúa como si no supiera de qué estás hablando o como si no tuviera ni idea de un problema importante que le estás tratando de plantear. "Haciéndose el tonto", procura que pongas en tela de juicio tu propia cordura".

Todos quienes presentan algún trastorno del carácter tienden a utilizar las tácticas de fingir ignorancia o confusión. Se trata de una manera muy eficaz de ocultar sus verdaderas intenciones. Conviene recordar que los individuos con trastorno del carácter, y muy especialmente los de personalidad agresiva, tienen muy claro lo que pretenden lograr y cómo lograrlo, por lo cual despliegan sus tácticas de manera consciente, deliberada y fríamente calculada. En consecuencia, por más que con frecuencia aleguen que "no saben" de qué estás hablando cuando los confrontas, o que no tienen ni idea de por qué hicieron lo que consideraste ofensivo, es importante que no te dejes convencer de que no son plenamente conscientes de sus actos.

Esgrimir la ira— Puede parecer un poco extraño, o incluso inapropiado, considerar un gesto de ira como poderosa arma de manipulación. La opinión generalizada es que la ira es una respuesta emocional involuntaria que precede a la agresión. En esta se basan los famosos programas de control de la ira. Sin embargo, según mi experiencia (y la de otros investigadores) *la demostración deliberada de ira* puede ser un instrumento de intimidación, coacción y, en definitiva, de manipulación muy calculada y efectiva. Además, cuando se trata de entender las personalidades agresivas, es un error pensar que la ira precede necesariamente a la agresión. Pensemos en el conductor temerario. Un conductor que maneja a más 40 km/h por encima del límite de velocidad establecido para llegar desde el punto A hasta el punto B claramente está adoptando un comportamiento agresivo. Lo más probable es que se enoje si alguien ingresa a la carretera delante de él a 16 km/h por debajo del límite de velocidad. Dicho de otro modo, la agresividad frustrada engendra ira. Así es que el conductor temerario podrá tocarle bocina insistentemente, írsele arriba y recurrir a toda clase de demostraciones de furia e intimidación para hacer que el conductor que va delante acelere la marcha. Quizás termine logrando adelantarlo y todo volverá a estar exactamente como él quiere que esté.

Las personalidades agresivas hacen demostraciones de ira

para intimidar y manipular a los demás. Para empezar, no están enojados. Solo quieren lo que quieren y se enojan cuando se les niega. Y entonces, harán lo que sea para eliminar todo obstáculo que se interponga en su camino. A veces, la táctica más efectiva será esgrimir intensidad emocional y furia suficientes para que el otro, ante el embate feroz, acabe sometiéndose.

Hacer luz de gas ("Gaslighting")— En los últimos años, varios autores se han referido a la táctica de *hacer luz de gas* (en inglés, *gaslighting*) como una de las maneras más siniestras en que los agresivos encubiertos más manipuladores (es decir, los psicópatas) ponen a sus víctimas en situación de desventaja. El término proviene de la obra teatral y película de terror de los años 30, *Gas Light*, en la que un despiadado marido planea deshacerse de su esposa convenciéndola de que está perdiendo la razón y debería estar en un psiquiátrico. Él va pergeñando cambios sutiles en su entorno, entre ellos, atenuar poco a poco la llama de una lámpara de gas, y luego trata de convencerla de que ella es la única que piensa que están sucediendo estas cosas. Pero esto de 'hacer luz de gas' no es solo una táctica especial exclusiva de los psicópatas. De hecho, todas las tácticas que despliegan las personalidades agresivas encubiertas pueden sembrar tanta incertidumbre en la mente de las víctimas de su manipulación, que estas dejan de confiar en su propio juicio y se convencen de lo que afirma su manipulador, sucumbiendo así a su poder y control.

Como he mencionado antes, la agresividad encubierta es la esencia de la mayoría de los casos de manipulación. El agresivo que "juega sucio" despliega tácticas con las que se las ingenia para ocultar sus verdaderas intenciones. A la víctima de manipulación algo le dice que está siendo atacada o que alguien está tratando de ponerla en jaque, e intuitivamente se pone a la defensiva. Pero como no logra encontrar pruebas claras, directas y objetivas de ello, la invade la duda, se cuestiona y hasta llega a poner en tela de juicio su propia cordura. Es este siempre el secreto de la manipulación eficaz. Si la "víctima" tuviera clara conciencia de que le están tendiendo una red, seguramente opondría resistencia en lugar de rendirse. Y, claro está, el manipulador lo sabe muy bien. Gana porque hace que el otro dude y termine desistiendo, viendo las cosas a su manera, cediendo y, en definitiva, dejándose explotar y sucumbiendo a su poder. Y si, además, el manipulador es experto en el arte de "modular la impresión que causa en los demás", haciendo gala de un seductor encanto y un virtuosismo para "caerle bien" a todo el mundo, es probable que la víctima de sus tácticas dude aún más de su cordura. Esta podría llegar a preguntarse: "¿No seré yo la que está equivocada? A fin de cuentas, todo el mundo parece apreciarlo y estar de acuerdo con su manera de ver las cosas." Podría decirse entonces que prácticamente todo comportamiento manipulador produce hasta cierto punto el efecto luz de gas, razón por la cual en las primeras ediciones de este libro no lo destaqué como táctica de manipulación característica.

El hacer luz de gas puede ser intencionado o incidental. En efecto, el manipulador puede decidir deliberadamente hacer que la otra persona sienta que ha perdido la razón como forma de herirla o ejercer influencia y control indebidos sobre ella, o bien la propia víctima puede caer bajo su efecto por la eficacia y grado de persuasión de todas las tácticas desplegadas por el manipulador. Sin embargo, sea intencionado o incidental, el hacer luz de gas siempre tiene el mismo efecto devastador. En algunos casos, hasta la aparente intensidad y convicción del agresor encubierto en sus calculadas puestas en escena pueden producir el efecto luz de gas. Cuando legítimamente se sospecha de ellos y se los enfrenta, algunos manipuladores no solo niegan, sino que lo hacen con asombrosa contundencia.

Y si junto con su vehemente negación despliegan otras tácticas tales como fingir genuina indignación (es decir, fingir sentirse real y legítimamente ofendidos por el hecho de que su víctima sospeche de un comportamiento o intención maliciosos), logran intensificar aún más el efecto de luz de gas. El "guión" de esta táctica es muy sencillo: cuando te enfrentes a algo que sabes que pondrá al descubierto el ser despreciable que eres, finge sentirte ofendido y herido, muéstrate impertérrito y decidido, y pon en entredicho la mismísima salud mental de tu acusador. Se trata de un guión sencillo, pero a menudo sumamente eficaz.

Cuantas más tácticas combine el manipulador, más intenso resultará el efecto luz de gas. Todo lo que haga para hacer que el otro dude de sí mismo y de su sano juicio contribuirá a potenciar ese efecto. Pero hay algunas personalidades que, debido a ciertos aspectos de su propio carácter, no son tan vulnerables a esta estrategia de desestabilización. Así es que, cuando el manipulador detecta que su batería de tácticas está surtiendo efecto, pero no lo suficiente, puede recurrir a algunas más. Puede optar por una "ofensiva de seducción" tendiente a hacer que la víctima de luz de gas se sienta aún más aislada y culpable por sus propios sentimientos y por su actitud para con su abusador. Puede además embarcarse en una campaña de "transcreación" de la realidad y la historia, adoctrinando sutilmente a familiares y amigos para que recuerden las cosas tal y como él quiere que las recuerden, y luego haciéndole notar a la persona a la que hacen luz de gas que ella es la única que recuerda las cosas de otra manera. Intentará ganarse el favor de otras personas y forjar alianzas con estas para que la víctima de luz de gas se sienta aislada. Algunos profesionales han propuesto varios términos para este tipo de comportamientos, entre ellos la denominación, muy de moda actualmente, de "teatro callejero". Pero, independientemente del nombre que se les dé a estas tácticas, su intención y efecto son siempre los mismos: haz que el otro se convenza de que es el único que alberga ese sentimiento y que no existe una legítima razón que justifique lo que le está dictando su alma o su intuición, y lograrás someterlo a tu influencia y control.

La táctica de hacer luz de gas no es inusual. Las personas con trastorno del carácter que son infieles obstinadas, pero quieren ocultárselo a sus cónyuges y mantener el control en sus relaciones, son particularmente aficionadas al uso de esta táctica. La utilizan para incitar a sus parejas a percibir lo que podría ser desconfianza sobradamente justificada por su parte como pura "paranoia". Y a menudo recurren a otras tácticas tales como las de echar en cara (avergonzar) y culpabilizar, y la de fingir inocencia/ignorancia junto con otros intentos de hacer luz de gas, para que la víctima termine sintiendo, no solo que podría estar perdiendo la razón, sino también que es la peor persona del mundo por atreverse a pensar el tipo de cosas que ha venido sospechando de su manipulador.

Después de cuestionar sus percepciones, juicios, sentimientos e incluso su sano juicio durante tanto tiempo, suele ser muy difícil para las víctimas de luz de gas recobrar una noción equilibrada de identidad personal, incluso después de dejar a una pareja abusadora. Me apena decir que muchas de las víctimas me han escrito, no solo para compartir este tipo de experiencia, sino también para confesarme que se encuentran bloqueadas en su rehabilitación cuando buscan la ayuda de un profesional que no conoce lo suficiente estas formas graves de abuso emocional y el efecto traumático que puede tener en la psique de una persona. Las víctimas de una táctica de luz de gas intensa y prolongada a menudo requieren ayuda especializada. No solo necesitan que se les reafirme que no estaban tan "locas" o equivocadas en todo, como les ha hecho creer su manipulador. Lo que necesitan, más que una mera reafirmación (por más que esta signifique mucho) es sentir que pueden juzgar de forma más objetiva, justa y confiable tanto su propio carácter como el de aquellos con quienes podrían iniciar una relación. Necesitan poder volver a confiar (especialmente en su propio juicio), y saber cuándo y cómo confiar con total seguridad. Aunque la confianza es una cuestión importante para todos nosotros cuando se trata de nuestras relaciones íntimas, para la víctima de formas extremas de manipulación, especialmente la de luz de gas, recuperar la fe en sí misma y en la naturaleza humana es algo fundamental.

He presentado las principales tácticas que utilizan los agresivos encubiertos para manipular y controlar a los demás. No siempre son fáciles de reconocer. Aunque todas las personalidades agresivas tienden a utilizar estas tácticas, los agresivos encubiertos generalmente las usan de forma astuta, sutil y hasta virtuosa. Todo aquel que deba lidiar con un agresivo encubierto tendrá que afinar su sensibilidad visceral al uso de estas tácticas, para evitar caer en sus redes.

Lo que realmente importa reconocer aquí es que cuando alguien utiliza estas tácticas con frecuencia, no solo se sabe con qué tipo de personalidad se está tratando, sino que, precisamente porque las tácticas son tanto instrumentos de manipulación como manifestaciones de resistencia al cambio, esa persona de seguro reincidirá en su conducta problemática. Puedes ir abandonando tu fantasía de que con el tiempo las cosas cambiarán. Nada habrá de cambiar hasta que ella misma decida dejar de agredir y comience a aceptar. Sin embargo, mientras persista en utilizar estas tácticas, quedará claro que no tiene intención de cambiar.

REDEFINIR LAS REGLAS DE JUEGO

La regla de oro de las relaciones humanas es que *el agresor establece las reglas de juego*. Esto se debe a que una vez que es atacada, toda víctima de agresión (incluida la agresividad encubierta) se siente en una posición de vulnerabilidad o de riesgo emocional tal que está todo el tiempo debatiéndose por lograr un equilibrio de poder más favorable. En consecuencia, se diría que quien está dispuesto a "atacar primero" ya ha definido los términos en los que se basará la relación.

Es imposible lidiar eficazmente con alguien cuando se parte de una posición de inferioridad. Por lo tanto, si quieres evitar ser victimizado por agresión encubierta o, en todo caso, por cualquier agresión, deberás actuar sin demora para redefinir los términos por los cuales se decidirá la relación. Hay varias cosas que debe hacer una persona para que los frecuentes conflictos de la vida se resuelvan en igualdad de condiciones. Para protegerte de la victimización, deberás: liberarte de ideas erróneas potencialmente nocivas sobre la naturaleza y el comportamiento humano; saber cómo evaluar correctamente el carácter de los demás; tener un alto nivel de autoconocimiento, en especial, los aspectos de tu propio carácter que podrían aumentar tu vulnerabilidad a la manipulación; reconocer y catalogar correctamente las tácticas de manipulación y responder a ellas de forma adecuada, y evitar librar batallas perdidas. Seguir estas lineas te permitirá mantener una posición de poder y fortaleza en las relaciones interpersonales, sean cuales sean las tácticas de poder que utilice un agresivo o agresivo encubierto.

Abandonar las ideas erróneas nocivas

Los agresivos encubiertos suelen ser tan virtuosos en su arte, que no necesitan de nuestra ayuda para engañarnos. Pero como ya se mencionó anteriormente en reiteradas ocasiones, muchas de nuestras ideas tradicionales sobre la naturaleza humana nos predisponen a ser manipulados y explotados. Una idea errónea muy importante es la creencia de que todos somos básicamente iguales. Esta idea errónea es generalizada debido a la influencia de las teorías tradicionales [de neurosis] y a su premisa de que *todos* sufrimos algún grado de neurosis. Es entonces de suma importancia recordar que el individuo con trastorno del carácter difiere muchísimo del neurótico funcional promedio. Como se mencionaba anteriormente, no actúa de la misma manera y, según se desprende de las conclusiones basadas en años de investigación, ni siquiera piensa de la misma manera. La personalidad agresiva es además muy distinta a la mayoría de los demás tipos de personalidad. No comparten la misma visión del mundo ni el mismo código de conducta. Tampoco influyen en ellos ni los motivan las mismas cosas. De hecho, buena parte de lo que se nos ha enseñado sobre los motivos y la forma en que se comporta el común de los seres humanos sencillamente no es aplicable a las personalidades agresivas.

Convertirse en un mejor juez del carácter

Todo aquel que desee evitar con cierto grado de seguridad caer en sus redes, deberá identificar a los seres de su entorno que presenten rasgos de personalidad agresiva o agresiva encubierta.

Ahora bien, no es preciso realizar un estudio clínico sofisticado para tener una idea de los rasgos esenciales del carácter de una persona. En la parábola en la cual se inspira el título de este libro, Jesús dice "por sus frutos los conoceréis" (o, dicho de otra manera, "si parece un pato, nada como un pato y grazna como un pato, ..."). Es por la manera en que habitualmente interactúa con el prójimo que se identifica al individuo de personalidad agresiva y agresiva encubierta. Por lo tanto, si estás tratando con alguien que, por ejemplo, insiste todo el tiempo en salirse con la suya, sí o sí tiene que "ganar", permanentemente quiere tener la última palabra y no acepta un "no" por respuesta, puedes tener suficiente grado de certeza de estar ante una personalidad eminentemente agresiva. Si estás tratando con una persona que rara vez responde de manera directa a una pregunta directa, siempre está inventando excusas para justificar su proceder hiriente, trata de hacerte sentir culpable o echa mano a cualquiera de las demás tácticas para ponerte a la defensiva y salirse con la suya, puedes tener la seguridad de estar ante una persona que, independientemente de todo lo demás que pueda ser, es agresiva encubierta.

Conocerse mejor a uno mismo

La herramienta que utiliza todo manipulador para posicionarse en situación de real ventaja sobre su víctima es conocer su carácter lo suficientemente bien como para saber con buen grado de certeza cómo responderá a las tácticas que utilice. Podrá saber, entre otras cosas, si la víctima le dará el beneficio de la duda, creerá en sus excusas y dudará en atribuirle malas intenciones. Podrá saber cuán a conciencia actúa esa persona y cuán eficaz será la estrategia de hacerla sentir vergüenza y culpa para lograr que ceda. Por lo general, el manipulador se toma el tiempo necesario para calibrar las características y debilidades de su víctima.

Si logra posicionarse en situación de ventaja por lo que sabe de ti, es lógico suponer que cuanto tú más te conozcas y más te esfuerces por superar tus propias vulnerabilidades, mejor posicionamiento lograrás en tu interacción con él. Algunos rasgos importantes que deberás tratar de detectar cuando analices tu propio carácter son:

1. INGENUIDAD. Puede que seas una de esas personas a quienes les resulta demasiado difícil aceptar la idea de que realmente existen personas tan astutas, taimadas y crueles como tu instinto te dice que es el manipulador de tu entorno. Incluso puede que seas proclive a incurrir en una negación "neurótica" de la realidad. Si es así, aun cuando exista plena evidencia de que estás ante un confabulador despiadado, puede que te rehúses a creerlo y solo lo admitas a duras penas cuando te haya hecho sufrir una y otra vez.

2. OBSESIÓN POR ACTUAR A CONCIENCIA. Pregúntate si eres una de esas personas que son más exigentes consigo mismas que con los demás. Tal vez seas el tipo de persona demasiado deseosa de dar al supuesto manipulador el beneficio de la duda. Cuando hace algo que te hiere, puede que tengas marcada predisposición a admitir como válida su versión de los hechos y a culparte cuando él te ataca y te pone a la defensiva.

3. BAJA AUTOESTIMA. Quizás seas una de esas personas que se debaten en la duda o se sienten crónicamente inseguras de su derecho a satisfacer sus legítimos deseos y necesidades. Puede que no tengas confianza en tu capacidad para afrontar los conflictos y resolverlos con

eficacia. Si es así, es probable que flaquees al primer intento y tiendas a ponerte a la defensiva en cuanto te haga frente una personalidad agresiva.

4. EXCESIVA RACIONALIZACIÓN. Quizás seas una de esas personas que se esfuerza demasiado por tratar de comprender. Si eres además de las que suponen que la gente solo hace cosas hirientes por razones legítimas y comprensibles, podrías llegar a engañarte y creer que bastará con descifrar todos los motivos del proceder de tu manipulador para hacer que las cosas cambien para bien. Algunas veces, por centrarte tanto en los posibles motivos de determinada forma de proceder, puede que, sin darte cuenta, peques de indulgente. Otras veces, puede que tu obsesión por tratar de comprender lo que está pasando te haga olvidar que el otro simplemente está tratando de ganar ventaja y que lo que en realidad deberías hacer tú es concentrar tu tiempo y energía en tomar las medidas necesarias para protegerte y empoderarte. Si racionalizas demasiado, es probable que te cueste aceptar algo tan simple como que, en este mundo, hay personas que se empeñan en agredir, que lo hacen de forma solapada y con el único propósito de salirse con la suya.

5. DEPENDENCIA EMOCIONAL. Puede que tengas rasgos de personalidad sumisa a punto de partida de un profundo temor a la independencia y la autonomía. En tal caso, quizás de entrada te atraigan las personalidades que parezcan tener más confianza en sí mismas, más independientes y agresivas. Al involucrarte en una relación con ese tipo de persona, puede que tiendas

además a permitir que te pisotee por miedo a que te abandone si te rebelas. Cuanto más emocionalmente dependiente seas de alguien, más vulnerable serás a su explotación y a sus tácticas de manipulación.

Aun si no estás en alguna clase de relación con un manipulador, vale la pena reconocer y esforzarse por superar cualquiera de los defectos de carácter mencionados. Pero si lo estás, no hacerlo implicará un alto riesgo de caer en sus redes.

Saber a qué atenerse y qué hacer

Puedes prever que el manipulador hará lo que sea para obtener ventaja sobre ti. Memoriza todas las tácticas. Observa y escucha atentamente; y no te limites a escuchar, sino a escuchar con discernimiento lo que diga tu manipulador. Mantente alerta a las tácticas e identifícalas (ponles un etiqueta) en cuanto las detectes. Independientemente de los tipos de estrategias que use un manipulador, recuerda esta regla fundamental: No dejes que con estas te lleve a su propio terreno. Convéncete de que no está más que tratando de conseguir algo y reacciona solo en función de tus legítimos deseos y necesidades. No te permitas ponerte instintivamente a la defensiva ante lo que haga. Mantente en una posición firme, independiente y asertiva.

Hace no mucho tiempo, una madre me contó lo tonta que se sintió cuando su hijo la manipuló para que fuera más indulgente con el castigo que le había impuesto por su mala conducta en la escuela secundaria. Cuando él le dijo "¡Ya no aguanto más!" y "Tal vez debería irme de aquí" (haciéndose la víctima, profiriendo una amenaza encubierta), ella se dijo: "Lo estoy haciendo sufrir más de lo que pensaba. ¿No estaré agravando sus problemas? ¿No seré yo la mala de esta historia? Más vale que deje de presionarlo". No se le ocurrió pensar: "Está en guerra conmigo para que no le retacee su libertad. Está fingiendo ser él el que se siente herido en un intento por hacerme caer presa del miedo."

Evitar librar batallas perdidas

La persona que suelen ser victimizadas por un manipulador tiende a estar demasiado confundida, frustrada y deprimida para pensar con claridad o actuar racionalmente. La depresión que sufre tiene su origen en un comportamiento que considero un factor decisivo en la mayoría de las depresiones. En efecto, cada vez que nos empeñamos en librar una batalla que no podemos ganar, se nos genera una sensación de impotencia y desesperanza que a la larga nos lleva a la depresión. La "batalla perdida" en la que se enfrasca la víctima es la de tratar de hacer que el manipulador cambie de forma de actuar. Queda atrapada en la trampa de estar todo el tiempo tratando de saber qué decir o qué hacer para lograr que su manipulador se comporte de manera diferente. Se empeña en concentrar sus energías en un esfuerzo que no la llevará a ninguna parte. Librar esta batalla perdida inevitablemente engendra frustración, sensación de impotencia y, con el tiempo, depresión. Una vez que cae en ese estado, la víctima de manipulación ya no tiene la presencia de ánimo ni la energía necesaria para defenderse.

Concentra tu energía donde está el poder

Solo podrás lograr abrirte paso en los conflictos con personalidades agresivas y agresivas encubiertas (o, en todo caso, con cualquier otra clase de personalidad) si te decides a invertir tu tiempo y tu energía donde indiscutiblemente tienes poder: tu propio comportamiento. Además, invertir en algo en lo que necesariamente tendrás éxito será estimulante y fortalecerá tu confianza y tu autoestima. Además, invertir en algo en lo que necesariamente tendrás éxito es estimulante y desarrolla la confianza en sí mismo. Cuanto más fortalezcas tu confianza y tu poder de decisión, más chances tendrás de superar los problemas que se te presenten.

A algunas personas les resulta difícil aceptar la idea de que deben asumir la responsabilidad de cambiar su propio comportamiento para mejorar su relación con un manipulador. En general, quien ha padecido a manos de un agresivo encubierto se debate en el agotamiento emocional y alberga mucho rencor hacia su manipulador. No le agrada la idea de que es él mismo el que tiene que cambiar. Quiere que sea el manipulador quien haga el esfuerzo y "pague" por su mal proceder. Solo cuando logra las primeras pequeñas victorias por asumir una actitud más eficaz, empieza a valorar el principio de concentrarse en el único terreno en el que tiene poder absoluto: su propio comportamiento.

Asumir una actitud apropiada en las relaciones con un agresivo encubierto nunca ha sido tarea fácil. Pero existen algunas reglas generales que, si se siguen, pueden hacer mucho más fácil la vida con él o ella. Yo las identifico como recursos de empoderamiento personal, porque pueden ayudar a cualquier persona a mantener una postura de mayor fortaleza en sus relaciones interpersonales. Estas son:

NO ACEPTES NINGUNA EXCUSA. No aceptes ninguna de las muchas razones (racionalizaciones) que alguien pretenda darte por su comportamiento agresivo, agresivo encubierto o cualquier otra clase de comportamiento inapropiado. Si un proceder es incorrecto o perjudicial, sus excusas serán *totalmente irrelevantes*. El fin *nunca* justifica los medios. Por lo tanto, por muy lógica que parezca la "explicación" de un comportamiento problemático, ***no la***

aceptes. Recuerda que quien está dando una excusa está intentando plantarse en una posición de la cual debería retroceder. Desde el propio momento en que pretende "explicar", se está *resistiendo a someterse* al principio de conducta civil e intentando hacer que te rindas ante su punto de vista. Y como se está resistiendo a ser gobernado por ese principio, puedes tener la certeza de que reincidirá en su comportamiento problemático.

Una vez que dejes de aceptar excusas, serás más capaz de confrontar directamente el comportamiento inapropiado y llamarlo por su nombre. Haz saber al manipulador que, aunque respetas su derecho a luchar por convencerte de que debes ser indulgente con su proceder, no aceptarás ni te dejarás influir por ninguna excusa que pretenda dar. Esto te servirá para transmitirle el mensaje claro de que no tolerarás el comportamiento en cuestión.

En la historia de Mary y Joe, a Mary su corazón le decía que no era razonable la excesiva exigencia de Joe. Sin embargo, ella estaba demasiado cautiva de sus racionalizaciones y afectada por sus sutiles tácticas de humillación y culpabilización como para encararlo directamente por ese proceder. Con el tiempo, ella fue adquiriendo la confianza en sí misma que necesitaba para hacerle frente y decirle algo así como: "Joe, creo que le estás exigiendo demasiado a Lisa y que es una crueldad de tu parte. No voy a seguir apoyándote en esto. No me importa que digas que tienes buenas razones para actuar como has estado actuando. En mi opinión, has rebasado todos los límites".

Al confrontarlo por su rigidez y crueldad, Mary catalogó adecuadamente el comportamiento de Joe como agresivo y perjudicial. No haciendo lugar a sus "explicaciones" por considerarlas irrelevantes, mantuvo la atención centrada en su comportamiento inapropiado. Mantener las cosas claras y no dejarse llevar al terreno de la racionalización permitió a Mary sentirse más segura de sí misma y plantear con más firmeza y asertividad su posición.

JUZGA ACTOS, NO INTENCIONES. Nunca trates de "leer la mente" de alguien ni de buscar una posible segunda explicación del motivo por el cual está haciendo algo, en especial cuando se trata de algo hiriente. No hay manera de saberlo a ciencia cierta y, a fin de cuentas, es irrelevante. Quedar atrapado en lo que podría estar pasándole por la cabeza a un agresor es una buena manera de desviarse de lo que realmente importa. Juzga el proceder en sí mismo. Si lo que hace alguien es perjudicial en algún sentido, concéntrate en ello y aborda el problema.

No podemos enfatizar lo suficiente la importancia de este principio. Recuerda que las tácticas que utiliza el agresivo encubierto son herramientas eficaces de control de la impresión que causa en el otro. Se las ingenia para que estés todo el tiempo cuestionando tu propia interpretación de su verdadera forma de ser. En consecuencia, si te permites formar tu opinión en función de lo que supones son sus intenciones o te dejas influenciar por las diversas tácticas que despliega, de seguro te engañarás con respecto a su carácter. Solo los propios patrones de comportamiento proporcionan la información que necesitas para emitir juicios válidos sobre el carácter de una persona. Y su proceder en el pasado es el único indicador genuinamente fiable de cómo actuará en el futuro.

En la historia de Jenny y Amanda, cuando aquella vino a consultarme por primera vez, estuvo todo el tiempo tratando de descifrar qué había querido decir Amanda o qué pretendía cada vez que su comportamiento rebasaba los límites, sobre todo cuando era verbalmente agresivo. Recuerdo que Jenny me dijo: "Cuando Amanda me grita y me dice que me odia, no creo que su intención sea herirme. Creo que en el fondo está sufriendo porque extraña a su papá y no hay nadie más en quien pueda descargar sus sentimientos de angustia." Ahora bien, aunque resultó haber algo de verdad en lo que dijo Jenny, era irrelevante con respecto al problema real: que el patrón de agresividad manifiesta y encubierta de Amanda estaba adquiriendo proporciones alarmantes. Sin proponérselo, Jenny le había reafirmado a Amanda la idea de que, si esta atacaba y humillaba al otro cada vez que quería lograr que hiciera o aceptara algo, estaba todo bien. Además, al centrar su atención en lo que ella suponía eran las intenciones ocultas de Amanda, Jenny no logró percibir el hecho consumado de que lo que estaba haciendo su hija era agredirla. Al no ser capaz de advertir la agresión en las tácticas del otro, se cae en la trampa de la manipulación. Con el tiempo, Amanda y su madre abordaron y resolvieron muchas de las cuestiones relevantes que inquietaban a Jenny. Pero eso sólo se logró una vez que se hubo controlado con más firmeza el patrón de agresividad desmedida de Amanda.

FÍJATE LÍMITES PERSONALES. Empoderarte más en las interacciones interpersonales implica necesariamente poner dos tipos de límites al comportamiento. En primer lugar, debes decidir hasta qué punto tolerarás determinados tipos de comportamiento y en qué momento reaccionarás o abandonarás el diálogo. En segundo lugar, debes decidir qué estás dispuesto y eres capaz de hacer para cuidar mejor de ti.

En la historia de Jean y James, aquella a menudo sentía ganas de decirle a este que no iba a seguir tolerando que descuidara a su familia, pero no lo hizo. No solo no impuso límites razonables a su comportamiento, sino que tampoco impuso límites razonables al suyo propio. En otras palabras, no decidió hasta qué punto estaría dispuesta a asumir por sí sola la desmesurada responsabilidad de atender las necesidades de la familia. Con el tiempo, Jean efectivamente fijó límites a ambos frentes. Aunque intervino el azar y James fue trasladado a un cargo que le implicaría menos exigencia, Jean le dejó en claro que no apoyaría ningún esfuerzo que este hiciera en el futuro por asegurarse un puesto en la jerarquía de la iglesia, a menos que él claramente estuviera cumpliendo con sus obligaciones como esposo y padre. También le dejó en claro que ella nunca volvería a permitir que la manipulara para que asumiera una parte desproporcionada de la obligación de apuntalar y sustentar el matrimonio y la vida familiar.

FORMULA PEDIDOS DIRECTOS. Cuando pidas cosas, di claramente lo que quieres. Habla en primera persona. Evita las generalizaciones. Da detalles de lo que te disgusta y de lo que esperas o deseas de la otra persona. Usa este tipo de expresiones: "Quiero que tú..." o "No quiero que tú... más."

En la historia de Janice y Bill, Janice quería tener momentos a solas para explorar sus sentimientos y evaluar cómo marchaba su matrimonio. Pero no fue explícita con Bill. Ella bien podría haberle dicho: "Quiero tomarme cuatro semanas solo para mí. No quiero que me llames para nada durante ese tiempo. Llama a mi madre en caso de real urgencia". Pedir las cosas de manera directa y específica tiene dos recompensas.

En primer lugar, le deja al manipulador escaso margen para tergiversar (o afirmar que malinterpretó) lo que quieres o esperas de él. En segundo lugar, si no obtienes una respuesta razonable y directa a un pedido razonable y directo, ya sabes que el manipulador está en pie de guerra, no tiene intención de cooperar o está buscando la manera de frustrar tus intentos. Así obtendrás información valiosa para planificar tu próximo paso.

ACEPTA SOLO RESPUESTAS DIRECTAS. Una vez que hayas pedido algo de manera clara y explícita, insiste en obtener una respuesta igualmente clara y directa. Cuando no la obtengas, vuelve a pedirla. No lo hagas de manera hostil ni amenazante. Por el contrario, señala respetuosamente que el tema que planteas es importante y merece ser tratado sin rodeos.

En la historia de Don y Al, aquel pretendía saber si había algo de cierto en lo que se rumoreaba: que ingresaría a la empresa una nueva persona que podría llegar a poner en riesgo su seguridad laboral. Sin embargo, no abordó directa y específicamente todos los temas que lo inquietaban, ni tampoco insistió en que Al le diera una respuesta directa y concreta. Por ejemplo, si Don le hubiera preguntado directamente a Al si se iba a incorporar a la empresa un nuevo funcionario, cualquier respuesta que no fuera "sí" o "no" habría sido una señal de que, por alguna razón, Al quería eludir el tema. Prácticamente todas las preguntas directas y apropiadas pueden responderse con una respuesta simple y directa. Si obtienes más que eso, menos que eso o algo completamente ajeno a eso, puedes suponer, al menos hasta cierto punto, que alguien está tratando de manipularte.

MANTÉN LA ATENCIÓN CENTRADA EN EL AQUÍ Y AHORA. Concéntrate en los problemas que te atañen. Es probable que tu manipulador intente desviarte con tácticas disuasorias y evasivas. No permitas que esas tácticas desvíen tu atención del comportamiento problemático que estás tratando de poner sobre la mesa. Debes esforzarte por mantenerte centrado, independientemente de las tácticas que usan.

No saques a relucir problemas del pasado ni especules sobre el futuro. Permanece en el aquí y ahora. Esto es muy importante. Ningún cambio sucede a menos que sea en este momento. Aun cuando se produzca algún cambio, este puede no durar mucho tiempo porque es difícil romper con viejos hábitos. Mantente centrado en lo que quieres de tu agresor haga diferente en ese preciso momento, y no permitas que ninguna maniobra de distracción te haga derivar a otro momento y otro lugar.

En una oportunidad, Jenny regañó a Amanda en mi consultorio por la manera ofensiva en que se dirigía a ella. Esta enseguida sacó a relucir lo mal que Jenny la había tratado un par de días atrás. Sin saber a qué se refería su hija, y cometiendo el error habitual de considerar que por algo protestaba, Jenny se apartó del tema central y terminó enfrascándose en una discusión sobre lo que pudo haber hecho o dicho ese día que tanto molestó a Amanda. Sin darse cuenta del todo, Jenny se olvidó de que había regañado a Amanda por su manera insultante de hablarle. Sin embargo, con el tiempo Jenny fue más capaz de confrontar a Amanda por su comportamiento en el propio momento en que ocurría y mantenerse centrada en la cuestión hasta que esta se resolvía. En una ocasión, cuando Amanda se dirigió a su madre de manera agresiva, esta le dijo "Amanda, no seguiré hablando contigo a menos que cambies tu tono de voz", a lo cual Amanda respondió a los gritos "¡Pero si te estoy hablando bien!" con cara de ofendida y haciéndose la víctima. Sin embargo, Jenny, de la manera más asertiva que yo recuerde, respondió "ahora voy a salir afuera unos minutos". Regresaré para ver si estás dispuesta a hablar conmigo de una manera más civilizada". Le dio un merecido paréntesis para reflexionar. Cuando Jenny regresó, Amanda se mostró más gentil.

El argumento más convincente que podría plantear sobre la importancia de permanecer en el aquí y ahora es que un cambio genuino en el comportamiento de una persona con trastorno del carácter siempre se da en el preciso momento en que se confrontan sus tácticas habituales. Solo si una persona demuestra que está dispuesta a abandonar sus tácticas de manipulación habitual, sus excusas y otras formas de eludir su responsabilidad, y da muestras de actuar con más empatía habrá algún motivo para albergar la esperanza de que cambie para bien. Las promesas no significan nada. La mera ilusión no lleva a ninguna parte. Solo la voluntad de cambiar de rumbo en el momento de la confrontación (y no una sola vez) da alguna razón para alentar la esperanza de que las cosas cambien.

FRENTE AL COMPORTAMIENTO AGRESIVO, MANTÉN LA CARGA DE LA RESPONSABILIDAD EN EL AGRESOR. Quizás sea este el punto más importante que haya que recordar. Si te enfrentas a un agresor (o a cualquier otra persona con trastorno del carácter) por un comportamiento inapropiado, céntrate en lo que te haya hecho para herirte, sean cuales sean las tácticas que use para cambiar el eje de la conversación. No aceptes sus intentos de echarle la culpa o atribuirle la responsabilidad a otro. Insiste en preguntarle qué hará para rectificar su comportamiento.

Ignora sus explicaciones supuestamente racionales y no permitas que eludan la cuestión. Cuando una persona ha cometido una falta, deberás dejar en claro que es suya la obligación de cambiar. Podrás hacerlo sin incurrir en sutil humillación, hostilidad ni provocación. Limítate a centrarte en la conducta que el otro debe cambiar.

Por ejemplo, Jean podía haber confrontado directamente a James por descuidar a su familia. Por ejemplo, podía haberle dicho: "James, quiero que me digas lo que estás dispuesto a hacer para conciliar mejor tu dedicación profesional y tus deberes para con la familia." Si James esquivaba el tema o desplegaba cualquiera de sus tácticas favoritas, ella solo debía limitarse a volver al punto centrarse en exigirle que se comprometiera a hacer algo concreto para subsanar el problema.

AL CONFRONTAR A ALGUIEN, EVITA EL SARCASMO, LA HOSTILIDAD Y EL INSULTO. La personalidad agresiva siempre está buscando una excusa para ponerse en guerra. De ahí que interprete cualquier tipo de hostilidad como un "ataque" y se sienta con derecho a lanzar una ofensiva. Además, atacar su carácter es una "invitación" para que use sus tácticas ofensivas favoritas, tales como las de negar los hechos, no prestar atención cuando se le canta o echarle la culpa a otro. No dejes de hacerle frente cuando sea necesario, pero asegúrate de hacerlo de manera directa, pero no agresiva. Céntrate exclusivamente en el comportamiento inapropiado del agresor. Confrontar sin difamar ni denigrar no es solo un arte, sino también una habilidad necesaria para tratar eficazmente con un manipulador.

EVITA LAS AMENAZAS. Proferir amenazas es siempre un intento de manipular al otro para que cambie su forma de proceder y, al mismo tiempo, evitar tomar las medidas que correspondan. Jamás amenaces. Limítate a actuar. Procura no contraatacar. Ha sólo lo que realmente necesites hacer para protegerte y satisfacer tus propias necesidades.

Janice amenazó a Bill con dejarlo varias veces. Lo hizo no tanto porque tuviera intención de abandonarlo, sino porque esperaba que la "amenaza" lo impulsara a cambiar (una táctica de manipulación en sí misma). Pero con el tiempo Bill se dio cuenta de que eran solo amenazas y descontó que en general quedarían en eso. Cada vez que se sentía francamente en riesgo, contraatacaba con sus propias amenazas en su típico estilo sutil y encubierto. Incluso estuvo dispuesto a "amenazar" con suicidarse cuando Janice le planteó seriamente la posibilidad de separarse de él. Al final, su amenaza fue más grave y Janice terminó cediendo.

ACTÚA SIN DEMORA. Un tren sin frenos que baja por la ladera de una montaña es más fácil de detener cuando apenas comienza a rodar. Una vez que cobra impulso, ya es demasiado tarde para intervenir de manera efectiva. Una metáfora similar se aplica a la personalidad agresiva. Esta carece de "frenos" internos. Una vez que ha emprendido la persecución implacable de sus objetivos, es muy difícil pararla. Si quieres lograr que reaccione, se digne a escucharte o sienta el impacto, tendrás que actuar al menor indicio de que ha iniciado el juego. En cuanto te des cuenta del uso de una táctica, prepárate para confrontarla y responder a esta. Actúa sin demora para no quedar en inferioridad de condiciones y establecer un equilibrio de poder más favorable. Tendrás más posibilidades de no caer en sus redes y le dejarás en claro al manipulador que contigo no se juega.

HABLA POR TI. Exprésate en primera persona y no te permitas hablar por un tercero. Además, al utilizar a otro como "escudo" proclamas tu inseguridad. Interactúa con tu "adversario" de manera personal. Ten el valor de defender lo que tú quieres de manera abierta y directa.

En la historia de James, el pastor, Jean se sintió menos incómoda implorándole por sus hijos que reclamándole lo que ella misma necesitaba. Escudándose en sus hijos, estaba también enviándole una señal de que no se animaba a enfrentarlo por sí misma. Fue precisamente por ser consciente del temor de Jean a reivindicar sus propias necesidades que su marido supo que podía manipularla abrumándola de culpa y vergüenza.

HAZ ACUERDOS RAZONABLES. Haz acuerdos que sean apropiados, confiables, verificables y que se puedan hacer cumplir. Asume el compromiso de honrar tu parte del acuerdo, pero exige del otro el mismo grado de compromiso. Asegúrate de no hacer promesas que no puedas cumplir. Tampoco le pidas al manipulador algo que difícilmente logre o que, por medio de engaños, se las ingenie para retacearte.

Cuando negocies con una personalidad agresiva, intenta **proponerle tantas opciones favorables a ambos como te sea posible**. Hacerlo es de suma importancia y requiere creatividad y un particular modo de pensar.[27] Pero, según mi experiencia, es quizás la más eficaz herramienta de empoderamiento personal, ya que canaliza para bien la determinación de ganar de la personalidad agresiva. Desde el punto de vista del agresor, solo puede tener contigo cuatro clases de interacción. La primera y la que más disfruta es "él gana, tú pierdes". La segunda, que es la que más aborrece y hará lo posible por impedir, es "tú ganas, él pierde". La tercera es "él pierde, tú también". La personalidad agresiva detesta tanto la derrota, que si no tiene más remedio que perder, tenderá a hacer todo lo posible para que tú también lo hagas. Por más tétrico que sea, esta es esencialmente la interacción que se da en las relaciones conflictivas en extremo que, con trágica frecuencia terminan en asesinato y suicidio. La cuarta es "él gana, tu ganas". Si bien este escenario no es tan deseable para el agresor como el de "él gana, tú pierdes", le resultará bastante tolerable como segunda opción.

Recuerda que una personalidad agresiva hará prácticamente cualquier cosa por evitar ser derrotada. Por lo tanto, una vez que hayas definido algunos términos y condiciones que le permitan conseguir al menos algo de lo que pretende, habrás recorrido la mitad del camino. Buscar y proponer tantas maneras como sea posible de que ambos saquen algún provecho de cambiar de forma de actuar abre una ventana de oportunidad para establecer una relación mucho menos conflictuada con una personalidad agresiva o agresiva encubierta.

Jean podía haberle dicho a James: "Sé lo mucho que significa para ti el asegurarte un puesto en el Consejo de ancianos, pero yo también necesito de tu tiempo y tu apoyo emocional. Te apoyaré en tus esfuerzos si aceptas tomarte libres los fines de semana y dedicarle un rato a la familia dos tardes por semana." Como personalidad agresiva encubierta que es, James siempre estará buscando la manera de salirse con la suya. Por medio de esta propuesta, Jean le ofrece una forma de conseguirlo sin renunciar a lo que ella necesita.

PREPÁRATE PARA LAS CONSECUENCIAS. Ten siempre presente que el agresivo encubierto está decidido a ganar la batalla. Esto significa que, si por alguna razón llegara a sentirse derrotado, es probable que haga cualquier cosa por ponerse nuevamente en ventaja y tener la sensación de haber cobrado venganza. Es importante que seas consciente de esta posibilidad y que tomes las medidas que correspondan para protegerte.

Una forma de prepararse para las consecuencias es anticiparlas (y a veces incluso predecirlas). Haz una valoración razonable de lo que podría hacer el agresivo encubierto. Mary Jane podía haber previsto que su jefe le daría una referencia desfavorable si buscaba otro empleo. Ella podía haber tomado medidas para protegerse. Podía haber presentado una denuncia formal confidencial ante el organismo estatal o federal competente. Podía haberles solicitado a sus compañeros de trabajo que prestaran su testimonio. Podía incluso haber investigado la posibilidad de conseguir un empleo temporal en una empresa que no exigiera experiencia previa, en caso de que su jefe decidiera "dar el primer golpe" y echarla cuando se diera cuenta de lo que estaba planeando.

Otra forma de prepararse para las consecuencias es asegurarse un sólido sistema de apoyo. Hay mayor seguridad cuando se está acompañado. A Janice no le habría costado prever que Bill iba a hacer algo, aunque no supiera exactamente qué, para tratar de recuperarla. Alcohólicos Anónimos (Al-Anon) o algún grupo similar podría haberle brindado gran apoyo. Así podría haber logrado suficiente fortaleza espiritual como para soportar las tácticas de manipulación que Bill tan hábilmente esgrimía para, entre otras cosas, hacerla sentir culpable.

SÉ HONESTO CONTIGO MISMO. Conoce y "hazte cargo" de perseguir tus propios objetivos. En toda circunstancia, ten claro cuáles son tus verdaderos deseos y necesidades. Si encima de no saber nunca a ciencia cierta qué se trae entre manos el manipulador, te engañas en cuanto a tus propios deseos y necesidades, puedes llegar a ponerte en un riesgo muchísimo mayor.

En la historia de Janice y Bill, lo que ella más imperiosamente necesita es sentirse valorada y respetada. Eso es lo que verdaderamente la motiva. Y, al tener poco o ningún respeto por sí misma, su autoestima depende de la aprobación de los demás. Es por ello que cuando Bill le dice que la necesita y que los hijos la necesitan, logra manipularla con suma facilidad. Bill sabe cómo interpretar a Janice como si él fuera un virtuoso y ella, un instrumento de cuerdas. Sólo tiene que tocar el acorde de "aprobación" para que ella reaccione exactamente como él quiere.

En terapia, Janice tomó mayor conciencia de lo mucho que necesitaba la aprobación del prójimo. Llegó a darse cuenta además de cómo, al buscar constantemente en otros, y en especial en Bill, esas señales de aprobación, se privaba de la oportunidad de cultivar el respeto por sí misma. En muchas ocasiones, solo por lograr o para no perder la aprobación de Bill, terminaba haciendo cosas de las que más tarde de ninguna manera podría sentirse orgullosa. En una ocasión, volvió con él tras haberlo atrapado flirteando con otra mujer, cuando este le dijo que ella significaba mucho más que nadie para él, y que si le prestaba más atención nunca tendría que andar buscándola por otro lado. En otra, se privó de la oportunidad de terminar sus estudios universitarios porque él le dijo, incluso con los hijos ya mayores, lo mucho que significaba para él tener esposa y ama de casa "de tiempo completo". Al culminar la terapia, Janice cayó en la cuenta de que su comportamiento no era más que un círculo vicioso de autoderrota. Al estar siempre haciendo cosas que la hacían odiarse a sí misma, terminaba necesitando cada vez más la aprobación de los demás. Finalmente logró comprender que Bill conocía muy bien esa necesidad y la había esgrimido todos esos años como arma para manipularla, aparentando darle su aprobación cada vez que ella hacía exactamente lo que él pretendía.

Dignificar la vida

Aun si llegas a comprender y sigues todas las reglas para tratar de manera más eficaz con un manipulador, la vida con él no habrá de ser fácil. Sin embargo, sí podrá ser más tolerable y serás capaz de acotar el riesgo de caer en sus redes si no pierdes de vista cómo es en realidad, qué puedes esperar de él y tienes bien presente cómo empoderarte. Ahora voy a contarte la historia de cómo una mujer, tras haberse debatido durante años en un matrimonio abusivo, encontró el valor y los medios para darle un giro a su vida.

La historia de Helen

Helen no tenía del todo claro por qué quería consultar. Al fin y al cabo, había reflexionado mucho antes de tomar la decisión. Pero, según sus propias palabras, necesitaba "validar" sus sentimientos y que le "reafirmaran" que estaba bien encaminada. Me contó que había decidido separarse de Matt, el hombre con quien había estado casada durante los últimos 15 años. Me dijo que la separación formaba parte de un plan. Ella se iría y se dedicaría a alcanzar sus metas sin la habitual "interferencia" cotidiana. Mientras tanto, seguiría en contacto con Matt. Si este demostraba que era capaz y estaba dispuesto a hacer cambios reales y necesarios, podría seguir con él. Si en cambio demostraba no estar dispuesto a cambiar o no ser capaz de hacerlo, ella lo dejaría para siempre. Esta solución le daría amplio margen de tiempo para verificar que, si Matt efectivamente cambiaba, lo hacía en serio.

"Dudo que él cambie", afirmó Helen, "pero lo que sé es que yo sí he cambiado. Sé que tengo poder sobre mi propio comportamiento, y tanto si sigo con él como si no lo hago, haré muchas cosas de otra manera. Por ejemplo", continuó, "dado que advertiré cuando esté tratando de manipularme, me mantendré firme si siento que debo hacerlo. No permitiré que me haga sentir culpable ni que me intimide con sus sutiles insinuaciones y amenazas. Y si cedo en algo, será porque yo lo quiero, no porque me sienta presionada a hacerlo."

Helen describió todas las estrategias que había desplegado Matt para hacer que ella se echara atrás. "Primero probó la táctica habitual de hacerme sentir culpable, diciéndome cómo iba a tirar por la borda 15 años de matrimonio y no honrar una promesa sagrada. Luego intentó avergonzarme, señalando lo que dirían nuestros amigos, familiares y vecinos. Y finalmente la remató haciéndose la víctima e intentando convencerme de que era él el que "sufría abuso", ¡porque yo siempre estaba dándole la lata!" Y Helen recordó sonriendo: "Pero no me dejé convencer. Cada vez que se salía con uno de esos trucos, le decía que sabía adónde quería llegar y que esas tácticas no le funcionarían conmigo."

Le pregunté a Helen cuáles de las herramientas de empoderamiento personal que habíamos analizado le habían parecido más eficaces. Ella me respondió: "Principalmente dos. Primero, establecí mis propios límites personales diciéndole qué cosas tendrían que ser diferentes si pretendíamos seguir adelante con nuestro matrimonio. Luego le planteé un posible escenario en el que me pareció que ambos saldríamos ganando. Le dije que me quedaría con él para siempre si estaba dispuesto a demostrar un cambio genuino en su forma de actuar durante un tiempo prudencial. Es que hemos intentado una y otra vez hacer terapia de pareja, pero siempre la deja diciendo que "soy yo el problema". Ahora bien, tengo claro que es preciso que él cambie, pero también tengo claro que no lo tomará en serio hasta que haga terapia y la siga por un tiempo razonable. En suma, ¡la pelota está en su cancha! Él sabe lo que tiene que hacer y lo que yo espero. Me consta que va a hacer todo lo posible por poner a prueba mi decisión, pero también me consta que me mantendré firme y no cederé por más presión que haga."

Fair play

Kelley, una mujer de mediana edad que había estado lidiando con un hijo muy manipulador, me brindó información sumamente valiosa sobre cómo logró restablecer un mejor equilibrio de poder en su relación con él. Le pregunté qué parte de la terapia le había resultado más útil, y ella me respondió: "Lo más útil fue cuando usted me dijo: "Elija las cosas por las que está dispuesta a luchar." Eso ha sido crucial. Ya no pienso que tengo que enfrascarme en una pelea cada vez que me haga frente. En lo verdaderamente importante, me mantengo firme y no cedo un ápice de terreno. Me consta que él me desafiará y no por eso entraré en su juego, porque me siento más segura de cómo manejar la situación. Pero ahora lo pienso muy bien antes de dar pelea. No me complico ni me atormento por cuestiones en las que sé que la batalla de todos modos estará perdida. Simplemente las dejo pasar. Quizás esté abandonando la idea de que puedo controlarlo. Yo fijo mis propios límites e impongo mis propias consecuencias. El resto depende de él."

Kelley me contó además que, aunque los conflictos con su hijo parecían inevitables, había cambiado significativamente cómo discutían. "Ahora peleamos de manera más abierta; hay

LA AGRESIVIDAD FUERA DE CONTROL EN UNA SOCIEDAD PERMISIVA

El entorno social y la agresión humana

El entorno social y la agresión humana. Nuestras tendencias y comportamiento agresivos no son intrínsecamente malintencionados. A lo largo de la mayor parte de la historia evolutiva del hombre, solo los más fuertes hemos sido capaces de superar, no solo las amenazas de otras especies, sino también de diversas tribus de nuestra propia especie que compiten por recursos limitados en su lucha diaria por sobrevivir. Con el advenimiento de la civilización, la necesidad de agredir como instrumento necesario para la supervivencia humana disminuyó notablemente. Pero como lo ilustra el largo historial de guerras de la humanidad, este instinto humano básico sigue estando muy presente entre nosotros y lo más probable es que lo siga estando en el futuro. Por lo tanto, si queremos avanzar con éxito en nuestra evolución social, tendremos que diseñar mecanismos ambientales y culturales que nos ayuden en la tarea de aprovechar y administrar con mayor eficacia nuestros instintos agresivos.

Nuestro entorno político, económico y cultural influye en gran medida en nuestro grado de agresividad y en cómo manifestamos esa agresividad. Por ejemplo, el comunismo supuestamente comenzó como un medio para evitar que la ambición personal y la codicia (agresividad individual desenfrenada) dañaran a la sociedad en su conjunto. Sin embargo, con su represión sistemática del espíritu humano, ese sistema que fue ampliamente aclamado como "del pueblo" se convirtió en uno de los catalizadores más tiránicos de la agresividad encubierta (esto es, ejercicio de abrumador poder y dominio sobre este con el pretexto de proteger los intereses del "proletariado"). El capitalismo, con su modelo de libertad económica al estilo de "la ley del más fuerte", fomenta en buena medida la agresividad desenfrenada, y también la encauzada en la competencia diaria por riqueza y seguridad económica personal. Pero el sistema también fomenta, e incluso premia la agresividad encubierta.

Los empleados de los partidarios del libre mercado saben que a menudo no hay seguridad en el lugar de trabajo donde rige la ley de "matar o morir", así es que suelen competir entre sí por los limitados recursos, beneficios y recompensas de la empresa. A veces, esta competencia es sana y mesurada, con lo cual promueve el buen funcionamiento del sistema. De hecho, la competencia sana y entusiasta es un ingrediente clave para lograr la excelencia. Sin embargo, otras veces la competencia es implacable y va acompañada de comportamientos solapados, deshonestos y traicioneros que son el sello distintivo de la agresividad encubierta. No soy de los que subestima la importancia de la competencia, pero ese tipo de agresividad solo sirve para cultivar la excelencia cuando la "lucha" se da de una manera responsable y "con códigos". Hoy en día, me temo que son contadas las personas con la integridad de carácter necesaria para competir según los principios del *fair play*. A falta de una tan necesaria renovación moral, ética y espiritual, va en nuestro favor abogar por principios cooperativos en lugar de competitivos.

La cultura actual otorga tanta importancia a la victoria, y tan poca a *cómo* luchamos por el éxito personal y la dignidad, que la agresión de unos contra otros —agresión destructiva y carente de sentido— se ha ido de las manos. El dicho atribuido a Vince Lombardi "Ganar no lo es todo; es lo único", no solo refleja la filosofía personal de un individuo, sino las normas culturales de nuestro tiempo. Hubo un tiempo en que, tanto el deporte amateur como el profesional, eran un instrumento fundamental para que los jóvenes entusiastas y llenos de energía capitalizaran y canalizaran su agresividad innata, desarrollaran un sentido de comunidad a través del trabajo en equipo, y templaran el carácter cultivando la autodisciplina. Hoy en día, nadie va a un partido si su equipo no está ganando; la vanidad personal de los jugadores estrella eclipsa la labor de su equipo, y ante la menor provocación, estallan violentas peleas.

La intención de los fundadores de la patria era que existiera feroz debate y competencia en el campo de las ideas políticas para controlar el poder del gobierno y evitar que la ideología de un partido dominara excesivamente a los demás. En la actualidad, los constantes enfrentamientos que se producen en la arena política tampoco conocen límites. Lo que se suponía que era un apasionado contraste de posturas sobre cuestiones decisivas suele ser una lucha sin cuartel del tipo "vale todo", en la que cada adversario trata de dinamitar al otro. Y lo peor es que esa lucha encarnizada que libran los políticos tiene tanto que ver con defender los principios o promover la seguridad y la prosperidad del país, como con ganar y asegurar el poder o aferrarse a este. No es de extrañar entonces que tantas personalidades agresivas encubiertas busquen refugio en el mundo de la política.

En mi trabajo con parejas y familias, siempre me apena la agresividad manifiesta y encubierta que veo una y otra vez, y el impacto destructivo que tiene en las relaciones. Muy especialmente, me preocupa el grado de agresividad encubierta que veo entre personas que se han divorciado y que se disputan la custodia de sus hijos (batallas por custodias). Nunca deja de sorprenderme lo que son capaces de hacer para desquitarse, castigarse, humillarse y destruirse mutuamente —todo en nombre de una supuesta preocupación por el bienestar de sus hijos—. En muchos casos, el bienestar de los hijos nunca es el verdadero problema. Todo tiene que ver con lo que pretenden lograr cada una de las partes o ambas (por ejemplo, venganza, guardar las apariencias, reivindicación, dinero, etc.) y hasta dónde están dispuestas a llegar para conseguirlo.

En muchos ámbitos de la vida actual —relaciones políticas, jurídicas, corporativas, deportivas y personales, etc. —nos hemos convertido en una nación de batalladores desenfrenados y sin escrúpulos, todo lo cual conlleva un grave daño a nosotros mismos y a la sociedad en que vivimos. Más que nunca, necesitamos recuperar un conjunto de principios rectores sobre cómo debemos librar la lucha cotidiana por sobrevivir, prosperar y tener éxito.

Aprender a ser responsable

Si queremos convertirnos en una sociedad más disciplinada y con valores, tendremos que educar mejor a nuestros hijos. En la época de Freud, criar niños emocionalmente sanos significaba fundamentalmente ayudarlos a superar sus miedos e inseguridades. Pero en la actualidad, criar niños emocionalmente sanos tiene mucho más que ver con ayudarlos a aprender cómo canalizar y disciplinar sus tendencias agresivas y asumir la tarea de adoptar un modo de vida socialmente responsable.

Enseñar a los niños a controlar su agresividad no es de ninguna manera una tarea fácil y los niños con rasgos de personalidad agresiva probablemente se resistirán a nuestros intentos por "civilizarlos". Para garantizar que nuestros hijos tengan buenas posibilidades de adquirir la autodisciplina que necesitan, es importante que los padres les enseñen ciertas cosas sobre la violencia:

En primer lugar, los padres deben enseñar a sus hijos cuándo es y cuándo no es apropiado pelear. No es fácil ayudar a un joven a ver claramente cuándo existe realmente una necesidad personal legítima, un valor moral o una circunstancia por la que vale la pena pelear. También hay situaciones en las que es posible que no haya otra alternativa que luchar, incluso físicamente, como en un caso flagrante de legítima defensa. Pero también es imprescindible que los padres ayuden a sus hijos a saber reconocer las circunstancias en las que no tiene ningún sentido ponerse a discutir.

En segundo lugar, los padres deben enseñar a sus hijos con ejemplos prácticos todas las formas posibles de conseguir lo que necesitan sin enfrascarse en una discusión. Deben explicarles los beneficios de considerar alternativas, mostrarles en qué consisten y cómo utilizarlas. Deben enseñarles la diferencia entre la competencia sana, mesurada y constructiva, y la rivalidad destructiva. Pero para poder impartir a sus hijos las habilidades apropiadas para lidiar con situaciones sociales, será preciso que los padres tengan bien claro cuáles son esas habilidades y cómo utilizarlas.

En tercer lugar, los padres deben ayudar a sus hijos a aprender la diferencia entre agresividad y asertividad. Deben cuidar de no castigar a sus hijos por su valor, espíritu de lucha o tenacidad per se. Hay un viejo dicho que dice que, para infundir una disciplina sana, un padre debe lograr "doblegar la obstinación sin quebrantar el espíritu" de su hijo. Ese dicho encierra gran sabiduría. Los padres deben tener muy presente que, por más que las tendencias agresivas innatas de sus hijos no sean intrínsecamente malas, sin la debida disciplina, pueden dar lugar a altos grados de conflicto y fracaso social. Por lo tanto, los padres deben explicarles que perseguir lo que desean con la debida mesura y consideración de los derechos y necesidades de los demás lleva a la larga a un mayor grado de éxito personal y social.

Es de crucial importancia enseñar estas lecciones a los niños. Los hospitales psiquiátricos de este país están desbordados de jóvenes que padecen graves trastornos del carácter. Independientemente de los diagnósticos psiquiátricos que reciban en el momento de su ingreso, la mayoría de estos jóvenes son internados en estos centros debido a su comportamiento agresivo fuera de control.

Los programas de prevención de la delincuencia juvenil que se implementan en casi todos los estados no dan abasto con la avalancha diaria de jóvenes cuya agresividad manifiesta los ha llevado a entrar en conflicto con la ley; jóvenes a cuya agresividad encubierta no se le ha puesto freno durante tanto tiempo, que se han convertido en muy hábiles manipuladores. Simplemente debemos esforzarnos más por enseñar a nuestros hijos cuándo combatir, qué alternativas son mejores que combatir y cómo combatir de manera sana y responsable cuando efectivamente deban hacerlo. Debemos hacer todo esto si pretendemos ser más eficaces a la hora de fortalecer la personalidad de nuestros jóvenes.

La crisis del carácter

Todos, en mayor o menor grado, tenemos ansias de poder, autopromoción y dominio. Desafortunadamente, en esta tierra de oportunidades prácticamente ilimitadas, hay cada vez más individuos con trastorno del carácter tratando de lograr estos fines sin esforzarse por hacerlo de una manera socialmente responsable y productiva. Así, hay individuos que, en lugar de formarse y competir por las buenas por lograr un lugar en el mercado, optan por meterse en violentas luchas con sus pares por el control de las calles de su barrio. Hay también individuos que, al no prosperar en la medida en que lo desean en el "sistema" establecido, se alían con otros en grupos de contracultura que, con el pretexto de defender supuestos nobles ideales, le declaran la guerra al sistema establecido. Es decepcionante constatar que nos hemos convertido en una nación de violentos sin norte que, lejos de estar unidos por una causa común de progreso y prosperidad mutuos, se debaten en una búsqueda desenfrenada de poder y lucro a lo "sálvese quien pueda". La razón principal por la que nuestra nación en su conjunto está perdiendo lo que otrora la hizo excepcional es que en ella habitan cada vez menos personas con carácter sano.

Hay una tendencia sumamente inquietante que ha venido tomando fuerza durante las últimas décadas. Debido a que prácticamente han desaparecido los grados de neurosis verdaderamente patológicos y el trastorno del carácter se ha convertido en algo tan habitual, se ha incrementado muchísimo la carga social que recae en quienes sufren neurosis meramente funcional, para hacer que la sociedad funcione. Por otro lado, ha disminuido drásticamente la carga que se impone a los individuos con trastorno del carácter que de todos modos tienden a eludir sus responsabilidades sociales. No se podrá mantener la integridad de nuestra sociedad si esta tendencia continúa por mucho más. La grandeza del carácter de nuestra nación solo podrá sobrevivir en la medida en que sus ciudadanos cultiven, mantengan y demuestren su carácter en cada aspecto de su vida cotidiana.

La sobrecarga de quienes ya llevan la carga del funcionamiento social responsable es consecuencia de otra tendencia inquietante: que la sociedad recurre cada vez más a leyes, restricciones y reglamentos para regir nuestra conducta y resolver nuestras disfunciones sociales. Hay un viejo adagio que dice que "No se puede legislar la moralidad." Aunque se lo suele ignorar o criticar por ser excesivamente simplista, refleja una verdad esencial. La persona con carácter no necesita una ley que dicte su conducta moral; en cambio la de carácter deficiente no presta demasiada atención a la ley ni tampoco la respeta.

Cada vez que iba a uno de los centros penitenciarios de mi estado para impartir cursos de formación, realizar alguna evaluación o atender consultas, me topaba con un cartel grande y estratégicamente ubicado que decía "No se permiten armas de fuego, drogas, cigarrillos ni sustancias ilícitas más allá de este punto." Siempre terminaba preguntándome a quién iba dirigido ese cartel de advertencia. ¿A las almas responsables a las que ni en sueños se les pasaría por la mente hacer lo que prohibía el cartel? Con una mezcla de risa y tragicómica ironía, imaginaba a alguien llegando al centro penitenciario a comercializar y lucrar con sustancias ilícitas, viendo el cartel, dándose media vuelta y volviendo sobre sus pasos con la cabeza baja, al advertir que lo que pretendía hacer está prohibido.

La aprobación de más leyes, normas y reglamentos no es la respuesta a nuestros males sociales ni a nuestra crisis del carácter. Esas medidas restringen la libertad que tanto valoramos y en la que en buena medida se funda nuestra prosperidad. Además, las personas con trastorno del carácter siempre encontrarán la manera de sortear cualquier restricción que se les imponga. Una sociedad moral y funcional solo se consigue cuando la mayoría de sus miembros son personas íntegras.

Allá por la década del 60, hubo una movilización a nivel nacional para abordar las "causas subyacentes" de la pobreza y erradicarla por completo. Todo el mundo parecía indignado de que en esta tierra de abundancia, muchos no pudieran ni siquiera satisfacer sus necesidades más esenciales. No parece haber el mismo sentimiento de indignación ante la crisis del carácter, que es en definitiva la raíz de nuestra disfunción social, ni tampoco parecen hacerse esfuerzos significativos por abordar de una vez por todas el problema. Aun así, me parece alentador el hecho de que hasta en las escuelas se haya comenzado a reconocer la necesidad de una "formación del carácter", a pesar de la triste realidad que refleja sobre el estado actual de la familia, célula de la sociedad, y de otras instituciones tradicionales que solían asumir esa responsabilidad.

Formar el carácter y vivir de manera responsable

La formación del carácter es un proceso que dura toda la vida, por el cual desarrollamos las capacidades necesarias para convivir de manera responsable en sociedad, llevar adelante una labor productiva y, sobre todo, amar. Como señala Scott Peck, amar no es un sentimiento, un arte ni un estado de ánimo; es un comportamiento, y es precisamente el que nos exhortan a cumplir los dos Grandes Mandamientos. Con esto en mente, te ofrezco el siguiente planteamiento filosófico de mi propia cosecha sobre cómo cultivar el carácter necesario para amar y vivir de manera responsable:

Aunque puede que al principio de nuestra vida estemos cautivos de nuestros atributos naturales y de las circunstancias en las que nos criamos, no podemos seguir eternamente siendo "víctimas" de las influencias de nuestro entorno. Tarde o temprano, todos tendremos que sincerarnos y reconciliarnos con nosotros mismos. Conocernos a fondo, juzgar con objetividad nuestras fortalezas y debilidades, dominar genuinamente nuestros instintos básicos y tendencias innatas, y superar las carencias e influencias traumáticas que han contribuido a forjar nuestra manera de ser son algunos de los más grandes desafíos que enfrentaremos en la vida. Y en definitiva, solo habremos de elevarnos a una vida de integridad y mérito propio si logramos "despertar" plenamente la conciencia. Debemos llegar a conocernos tanto como conocemos a los demás, sin prejuzgar, engañarnos ni negar nuestra realidad, y reconocer y afrontar con absoluta honestidad todos los aspectos de nuestro carácter. Recién entonces podremos asumir libremente la responsabilidad de disciplinarnos y volvernos mejores personas por nuestro propio bien y el de los demás. Elegir libremente asumir esa responsabilidad específica – o "cargar esa cruz" – es la verdadera definición del amor. Y será nuestro compromiso y determinación de cargar esa cruz, incluso hasta la muerte, lo que nos abrirá de par en par las puertas hacia un plano de existencia superior.

BIBLIOGRAFÍA

1. Storr, A., Human Destructiveness, (Ballantine, 1991), pp. 7-17.

2. Storr, A., Human Destructiveness, (Ballantine, 1991), p. 21.

3. Adler, A., Understanding Human Nature, (Fawcett World Library, 1954), p. 178.

4. Jung, C. G., 1953, Collected Works of, Vol. 7, p.25. H. Read, M. Fordham and G. Adler, eds. New York: Pantheon.

5. Millon, T. Disorders of Personality, (Wiley-Interscience, 1981), p. 4.

6. Torrey, F., Freudian Fraud, (Harper Collins, 1992), p. 257.

7. Millon, T. Disorders of Personality, (Wiley-Interscience, 1981), p. 4.

8. Millon, T. Disorders of Personality, (Wiley-Interscience, 1981), p. 4.

9. Millon, T. Disorders of Personality, (Wiley-Interscience, 1981), p. 6.

10. Millon, T. Disorders of Personality, (Wiley-Interscience, 1981), p. 91.

11. Peck, M. S., The Road Less Traveled, (Simon & Schuster, 1978), pp. 35-36.

12. Peck, M. S., The Road Less Traveled, (Simon & Schuster, 1978), pp. 35-36.

13. Jung, C. G., 1953, Collected Works of, Vol. 14, p. 168. H. Read, M. Fordham and G. Adler, eds. New York: Pantheon.

14. Millon, T. Modern Psychopathology, (W. B. Saunders, 1969), p. 261.

15. Millon, T. Disorders of Personality, (Wiley-Interscience, 1981) p. 91.

16. Millon, T. Disorders of Personality, (Wiley-Interscience, 1981), p. 182.

17. Keegan, D., Sinha, B. N., Merriman, J. E., & Shipley, C. Type A Behavior Pattern. Canadian Journal of Psychiatry, 1979, 24, 724- 730.

18. Samenow, S. Inside the Criminal Mind, (Random House, 1984).

19. Millon, T. Modern Psychopathology, (W. B. Saunders, 1969), p. 260.

20. Bursten, B. The Manipulative Personality, Archives of General Psychiatry, 1972, p. 318.

21. Millon, T. Modern Psychopathology, (W. B. Saunders, 1969), p. 287.

22. Wetzler, S. Living with the Passive-Aggressive Man, (Simon & Schuster, 1992).

23. Peck, M.S., People of the Lie, (Simon & Schuster, 1983).

24. Meloy, Reid. The Psychopathic Personality. Presentation at Spring Conference, Arkansas Psychological Association.

25. Peck, M. S., People of the Lie, (Simon & Schuster, 1983), p. 66.

26. Peele, S., Diseasing of America, (Lexington Books, 1989).

27. Beale, L. & Fields, R. The Win-Win Way, Harcourt Brace Jovanovich, 1987, pp. 10-13.

28. Peck, M. S., The Road Less Traveled, (Simon & Schuster, 1978), pp. 116-118.

ACERCA DEL AUTORA

George K. Simon, Jr., Ph.D. culminó su doctorado en psicología clínica en la Texas Tech University. Antes de retirarse del ejercicio activo de la profesión, dedicó 25 años a reunir información sobre los manipuladores; a tratar a estos, a otros pacientes con trastornos del carácter y a sus víctimas; y también a escribir, impartir seminarios de capacitación y componer música.

El Dr. Simon es un conferencista muy solicitado que ha dado cientos de talleres y seminarios de capacitación en todo el país. Ha actuado como consultor de grandes empresas, instituciones cívicas y diversos organismos que requirieron sus conocimientos especializados sobre las personalidades conflictivas y sobre cómo tratar con estas de manera eficaz. Lo han consultado otros escritores y realizadores de cine que han indagado e incursionado en el mundo de la agresividad encubierta, y se ha presentado en cadenas de televisión nacionales tales como la CNN y Fox News Network, así como también en numerosos programas de televisión y radiales regionales de interés general.

El Dr. Simon es autor de otros dos bestsellers: *Character Disturbance (Trastorno del carácter)* y *The Judas Syndrome (El síndrome de Judas)*, y es el principal compositor del *Anthem for the Millennium: America, My Home! (Himno del milenio: ¡los Estados Unidos, mi tierra!)*, cuya popularidad tras los ataques del 11 de septiembre de 2001 le valió el aplauso de más de un millón de personas en los conciertos patrióticos celebrados a lo largo y a lo ancho del país. Es además anfitrión del programa semanal *Character Matters* [juego de palabras que en español significa "El carácter importa", y también "Cuestiones de carácter"] en la cadena de televisión UCY.TV. Él y su esposa, con quien está casado desde hace 33 años, residen en las proximidades de Little Rock, Arkansas.

Otros libros de George K. Simon, Jr., Ph.D.:

Character Disturbance:
The Phenomenon of Our Age
(Trastorno del carácter:
El fenómeno de nuestra era)

The Judas Syndrome
(El síndrome de Judas)

Para facilitar la compra directa o al por mayor de libros
de psicología y música patriótica compuesta por
George K. Simon, Ph.D., visita Ph.D., visita
www.parkhurstbrothers.com

Visita las páginas del editor y el autor en
Facebook Facebook/George K. Simon, Ph.D.
Facebook/Parkhurst Brothers Publishers

Visita el blog del Dr. Simon, Manipulative People
(Manipuladores):
www.manipulative-people.com

Sitio web:
www.drgeorgesimon.com